U0593221

私营公司

成功的

22条天规

方军◎编著

中国华侨出版社

·北京·

图书在版编目 (CIP) 数据

私营公司成功的二十二条天规 / 方军编著 .—北京：
中国华侨出版社，2001.6（2025.1 重印）
ISBN 978-7-80120-502-5

Ⅰ . ①私… Ⅱ . ①方… Ⅲ . ①私营企业 – 企业管理 – 经
验 Ⅳ . ① F276.5

中国版本图书馆 CIP 数据核字（2001）第 027737 号

私营公司成功的二十二条天规

编　著：方　军
责任编辑：刘晓燕
封面设计：周　飞
经　销：新华书店
开　本：710 mm × 1000 mm　1/16 开　　印张：12　字数：136 千字
印　刷：三河市富华印刷包装有限公司
版　次：2001 年 6 月第 1 版
印　次：2025 年 1 月第 2 次印刷
书　号：ISBN 978-7-80120-502-5
定　价：49.80 元

中国华侨出版社　北京市朝阳区西坝河东里 77 号楼底商 5 号　邮编：100028
发 行 部：（010）64443051　　　　传　真：（010）64439708

如果发现印装质量问题，影响阅读，请与印刷厂联系调换。

P 前 言

reface

现在公司越来越多，竞争越来越强。大家都想赚钱，而且赚小钱不过瘾，还要赚大钱。真是谁也不甘落后，都认为自己能开个好公司，一夜之间都能拥有无数金银。应该讲，这种愿望是好的，没有什么错。关键是：怎样才能赚钱，怎样才能办好公司？不是光靠愿望就能办成的，要靠经验，要靠判断，要靠实战，更要能知人之所成，知人之所败，这就是说，有一些影响和决定公司成败的天规，必须引起你的注意。否则，你逾越了这些天规，忽略了这些天规，就只能面临可怕的后果。

我们都知道，有些人在市场竞争中之所以屡屡得手，是因为他能遵循天规办事，按照天规操作，不是随心所欲，想怎么干就怎么干。那么，到底有哪些绝对不能冒犯的天规呢？

这是本书即将告诉你的内容，也是集多年来在市场上百炼成钢的优秀企业家的心得，特别是 2000 年中国排名 50 富的座谈精髓，不妨一看。这些精选的天规是：在产权上绝对不能"吃独食"；在决策上只相信自己是冒险；没有长远打算，只能走一步

私营公司成功的二十二条天规

算一步；坐等机会，如同盼着天上掉下馅饼来；只钻空子，发不了大财；慢半拍的后果是被动挨打；不让有用的信息白白流失；不会盘活资金将寸步难行；切忌贪快，赚钱获利如同"滚雪球"；不必求全，搞活一块算一块；不懂管理，公司内部就会混乱；不会用好人才的人是蠢材；切忌近亲联姻，打破家族统治；千万不能自己给公司形象"毁容"；缺乏拳头产品，就别去比真功夫；不追求经营质量，效益就会"短命"；轻视服务，意味着自己断了后路；不考虑市场的营销是瞎折腾；不能扭亏为盈的都不是真正的赢家；不要头脑发热，开始盲目合伙经营；不守信誉，等于自己砸自己的锅；不知底细，谈判时就无法搞定对手。

上面这22条天规，是各种实战经验、成败得失结晶出的金玉良言，几乎触及办好一个公司的各个方面，都是人们最容易犯的错误，也是最让人们恐怖的误区。如果把它们书写在你办公室的墙壁上、存放在你的书架上、记忆在你的大脑中，你离成功就已经不远了，你已经站在了成功者的肩上。最可怕的和最愚昧的是把成功的天规当成废品，而自以为自己就是天规的创造者。请记住：天规就是必须遵循的警告，天规是你成功的天桥！

目　录

Contents

在产权上绝对不能"吃独食"

只把公司当作自己的私有物品，而不让别人分享应得的利益，结果是你得到的利益会越来越少，变成一个谁也瞧不起的守财奴。真正的成功在于合理让利，大大方方地给人家一点产权，用利益套住员工的心。

找到一条切实可行的路子

经营要诀：路子都是自己靠经验摸索出来的。

只有把事情想明白，才能把事情做好。同样，对产权问题的认识也是这样。私营公司老板如何考虑产权合理化问题呢？

只有产权合理，公司才能更快更好地发展。促使产权合理化的一个重要突破口，便是建立现代公司制度。现代公司制度，是指反映社会化大生产的特点，适用于市场经济发展的要求，拥有独立的法人实体，具有独立的财产权和责任的一种公司体制。要做到产权合理化，必须注意以下几点：

私营公司成功的二十二条天规

（1）"产权明晰"，是指公司财产要有非常明确的归属关系，谁是出资者，谁是股东，必须界定清楚。

（2）"责权明确"，是指股东的所有权和公司法人财产权应当非常清楚。公司作为独立的法人，它拥有法人财产权，有权支配和使用公司的财产。股东的所有权主要表现在资产受益、参与重大决策、选择经营者这三个方面，但不能干预公司内部事务，不能随便支配所投资的那部分资产。

建立现代公司制度需要一个认识和吸收的过程，既不能靠行政化的"一刀切"，也不能盲目学习他人经验，让其迷了眼。对于私营公司来讲，建立适合自己"企情"的模式是最重要的。现代公司制度千头万绪，绝非是能够在纸上可以设计的，但其基本要求离不开如下几个方面：

（1）建立科学的公司治理机构。如建立与权力机构、决策机构、监督机构、执行机构相适应的股东会、董事会、监事会和经理层，使这些机构职权明确，各司其职，发挥相互制衡的作用。其中决策机构是至关重要的，如何把决策建立在科学的基础上，关系到公司的兴衰成败。为了使决策科学化，一些经营公司聘请有关专家为决策参谋，有的公司还组成了"智囊团"，去收集市场信息，研究经营对策，从而克服了公司在决策上的随意性和局限性，促进了公司治理机构更为有效地运转。

（2）建立健全的监督机构和民主制度。我国私营公司的组织制度建设，不能离开我国的国情。因此，在私营公司建立监督机构和民主制度，除了要建立股东会、董事会、监事会等机构外，建立工会、党、团组织，也是十分必要的。这有利于员工在公司内部发挥民主管理和监督作用，有利于发挥党、团员的骨干作用和政治优势，保证公司生产经营的顺利进行和公司行业的规范化。

（3）建立健全劳动制度。任何一个公司的兴旺发达，与员工的素质和努力是分不开的。因此，加强劳动管理，建立合理的员工（人才）招聘、使用、培养、奖惩及劳动保障，包括工资、福利、保险等方面的制度，签订好劳动合同，是办好公司的必要条件。要通过加强劳动管理，做到人尽其才，员工的生活和学习能够得到经常的关心，使员工的个人利益同公司的整体利益联系在一起，才能充分发挥他们的积极性和创造精神。

（4）建立健全的财务制度。这是搞好公司管理的重要一环，也是国家加强对公司的宏观管理所要求的。只有加强财务管理、成本管理和经济核算，公司才能提高经济效益。相反，如果财务管理混乱，无论对公司、对国家都是有害的。

私营公司，只有领悟并切实执行了以上关于建立现代公司制度的宗旨，才能成功地促使内部产权合理化，从而使公司这部机器，更加有效地运转。

打出"股份制"这张牌

经营要诀：一个人要学会控制许多人，这才是智慧。

经营公司的目的是追求最大效益，而最大效益是靠公司员工来创造的。如何调动公司员工的积极性呢？答案就是打出"股份制"这张牌。

私营公司股份制，是私营公司发展的最理想阶段，也不失为现代公司制度最为坚实的组成部分，它促使私营公司更加飞速地发展。

私营公司通过股份制改组，至少可以达到以下目的：

（1）拓宽融资渠道，解决生产和建设资金不足；

（2）通过控股方式，可以以少量的资金控制大量的公司，实行资产经营；

（3）短期内实现公司的飞跃发展；

（4）股份结构的多元化、公众化，有利于分散经营风险；

（5）股份制改组，有利于公司"三权"分离，规范公司行为，加强科学决策和民主管理。

经调查了解到，我国私营公司目前离真正的股份制还差一截儿。

据调查，私营公司进行改造的目的各不相同。北京某集团总裁考虑的是股份制能改善公司经营机制，实行民主管理。他认为，在私营公司创业初期，由业主一人进行经营决策，具有灵活快速的优势。而当私营公司越过了原始积累阶段，发展成为资产上亿元的中型公司时，仍靠家族式管理方法，就容易造成失误，私营公司主如果死守着那点钱和权不放，只会把公司引向绝路。

实行股份制能增强公司凝聚力，因此一些精明的私营公司主试图以各种优惠条件让职工参股，以激发员工的责任感。吸纳社会资金，扩大公司生产经营规模，这是相当一部分私营公司股份制改造的目的。有些民营公司主则认为，实行股份制可明晰产权，减少纠纷。

因动机不同，私营公司实行股份制改造的方式也是五花八门。有些是实行全员股份制，如北京某集团是一家高科技公司，其资产在3亿元左右，员工只有 300 多人，他们采取三种方式分配股权：无偿赠送；个人购买；个人购买与配送相结合。改制后，董事长一人持股 51%，员工持股 49%。山西某集团现有员工 4000 多人，而持股人员只有 180 人。这些持股人都是在 1998 年前加入公司，被公司占用了土地的农民。董事长根据每人的职务及贡献大小无偿赠送股份，最多的达 30 万股，最少的也有 3 万股。董事长持 80% 的股份。上海某集团现持股人员是在 1998 年公司改制前加入的员工。改制时，董事长出让 18% 的股份，奖励给有贡献的科技人员，其他人员则按进厂长短及在厂里承担的责任大小分配购买原始股，同时吸纳一批新股东。董事长持股 60%。

经调查会发现，部分私营老板进行改制的目的只是为了吸纳资金，有些私营公司强迫员工花几千元甚至上万元入股，成为变相集资，引起员工不满，引发劳资矛盾；有些戴红帽子的私营公司在进行改制时，因产权不明晰，与当地政府发生纠纷，影响公司彻底改制。还有一个不容忽视的问题是，绝大多数私营公司在改制后，董事长与总经理仍由一人担任，董事会、监事会形同虚设，改制并没有带来经营管理上的相应变化。看来，私营公司进行股份制改造并非只是公司一家的事，股份制作为一种先进的现代公司制度，要在私营公司中建立完善起来，发挥其相应的作用，还需政府加以规范，才有可能真正确立起名副其实的股份制。

如果说目前有许多的"股份制"私营公司名不副实，这阻碍了私营公司的发展，那作为私营公司"领头羊"的老板该怎样以实际行动来身先士卒呢？

产权明晰的私营公司，弱点是产权太集中。纵观世界私营公司的发展，这些公司的发展大都经历了"能人经济"阶段，在创业初期，老板常常是凭借自己的精明能干使公司得以发展。但是当公司发展到一定规模和阶段后，这种单一、高度集中的资本所有形式，必然会带来管理的家族化，决策的随意性，员工缺乏责任感等弊端和误区，所以才会出现一些私营公司或是昙花一现，或风光一时，始终走不出"长不大"的怪圈现象。

一个公司如果将自己的生存和发展，维系在某个人或某几个人身上，是危险的。私营公司要从"侏儒"长成"巨人"，必须完成所有制改造，建立现代公司制度。员工要成为公司的主人，首先要成为财产的主人。只有员工与公司真正结成命运共同体，才能从根本上防止公司和个人的短期行为，公司才会显现出强劲的生命力和源源不断的发展动力。"老板的股份越来越少，员工的股份越来越多，公司才能越做越大。"

老板的个人利益犹如瓶颈，只有走出瓶颈，超越自我，公司才能裂变发展。老板是否敢"革自己的命"便成为走出瓶颈的关键。建立一种能够容纳国家、集团、个人共同理念的，以私营机制为主体的混合经济模式，成为私营公司大发展的一个重要前提。

在决策上只相信自己是冒险

过度地相信自己总是正确的，等于把别人的意见不当回事，实际上你已开始了冒险。要知道，找到恰当方案的通常做法是集思广益，而不在于是你提出来的，还是别人提出来的。做任何决策不能要面子，只能要"正确"二字。

弄清楚决策的标准和观念

经营要诀：做什么事都有条理可循，糊里糊涂只能越做越乱。

对于私营公司老板来讲，弄清楚决策标准和观念是非常有必要的，因为这些问题能够提高你的整体能力。

有没有一个衡量公司决策能力的标准呢？公司的能力是老板根据公司内部条件和外部环境，通过依靠专家智囊等集体智慧，运用科学方法进行调查研究和分析论证，从多种方案中确定公司发展方向、目标、战略的能力。决策关系到公司的生存和发展。俗话说："一着走错，满盘皆输。"决策正确，就能使公司沿着正确的方向前进，提高公司的竞争能力和适应外部环境变化的能力，取得良好的经济效益；反之，决策失误，就会给公司带来巨大损失，甚至导致公司的破产。所以，决策是公司工作的核心和主要职责，一个公司的决策团体的具体决策能力应包括：

（1）提出问题的能力

即及时发现现实生产经营活动中所存在的问题，并运用各种理论知识和科学方法，作出判断，并指出这些问题，哪些应由上层解决，哪些应由中层解决，哪些应由下层解决。

（2）分析问题的能力

从全局出发，以战略眼光，对问题加以分析，依据其紧迫性、严重性、扩散性，加以分类、排队、筛选，从中挑选那些对全局有严重影响的问题作为重点决策问题。

（3）解决问题的能力

它包括：①适应能力，决策问题往往涉及许多学科，有些老板的专业知识可能不适应。这时应组织和依靠有关专家共同探讨解决问题的途径，用组织能力弥补技术能力的不足。②优化能力，即从多个可行方案中抉择最优方案的能力。

（4）检查决策实施的能力

决策实施时，主客观条件在不断地发展与变化。如出现新的工艺技术变化，或市场环境的变化，就可能会引起生产经营上的某种突变。为保证决策能力在动态中运用自如，老板应不断对决策进行检验，并及时调整或修正，以保证决策的正确实施。

（5）直觉判断能力

很多情况下，决策需在很短的时间内进行，反复研究、反复推敲只能贻误时机。在这种情况下，往往要求决策者依靠直觉加以判断。这种直觉判断的正确性取决于决策者长期的经验积累和应变能力。没有每算皆准的决策者，但是，勇于实践和长期的磨炼则可以提高这种直觉判断能力。

因此，相信别人——把他们的智慧集中起来，形成自己的决策思路，避免自己武断专行，自以为自己都是正确的，是一个私营公司老板做出正确决策的基本态度。这一点，是开不得玩笑的！

一个成功的公司同样需要决策团体正确的决策观。私营公司老板要搞好公司的生产经营活动，应树立科学决策、专家决策、科研决策、集体决策、辩论决策和满意决策等一系列现代决策观念。

（1）科学决策

指科学决策程序、运用现代决策科学的理论与技术，以及老板的科学思维三方面密切配合，缺一不可地进行的决策。

（2）专家决策

老板要依靠专家进行决策。但在决策中，又不为专家所左右。专家主要是提出方案，分析、评估和对方案进行实验验证，而老板主要是确定问题和方案选择。

（3）科研决策

决策是一门科学，决策过程是一项科学研究过程。所以，无论老板还是专家，在进行决策时都要对决策问题进行系统的科学研究，而不是临时在会上拍脑袋。因此，科研决策，决不等于会议决策。

（4）集体决策

指善于发挥集体智慧，正确实行集体决策。集体决策的要求是民主讨论、畅所欲言、引起争论、揭露矛盾。当争论不能统一时，可由老板选优决断。所以，集体决策是建立在不同意见争论的基础上，发挥集体智慧结晶的一种决策。

（5）辩论决策

决策并不是协商一致的结果。如果力求一致，必然会导致把复杂问题抽象为笼统的原则。这样，在执行时，表面上各人都按原则办事，但可能无法取得决策效果。所以，只有通过不同意见的辩论，才能使真理越辩越明，彼此透彻了解，一旦决策，各方就会准确地按照决策统一行动。

（6）满意决策

现代决策不是追求最佳化，而是在此时此地此条件下，寻找可满意解决矛盾的方案。所以，老板在决策时，是追求一种满意化的决策。当然，经过一次满意的决策，又会出现新的矛盾，或还遗漏下不完善之处，这就要再次进行满意决策，如此循环，最后趋向最优决策。

正确的决策，不是凭公司中某个个人一时推测与判断作出的，它的必要前提就是决策者对形势作出客观分析。所谓决策，简单来说，就是决策者根据对客观情况的分析、判断，对将要采取何种行动（包括行动的方针、目标、方法、措施、手段等）所作的决定和决断。公司决策也就是公司决策者根据公司面临的客观条件、情况（即公司自身的条件和外部环境条件及其变化），对公司的行动方向、目标及达到目标途径的选择和确定。

私营公司老板的正确决策（包括经营计划、战略、方案、目标、方针、方法、手段、措施等）来源于自己对经营现状的正确判断，来源于自己对经营的预测和分析，正确的预测分析来源于全面、及时的信息，而信息则来源于市场。公司决策在经过对信息进行由此及彼、由表及里、去伪存真的分析、思索，作出决策后，又以此来指导经营管理实践，并在实践中对其进行检验、补充、修改和完善。实际上，任何一项公司决策，如投资决策、技术引进决策、产品开发决策，都是按照上述过程来进行的。一项决策即使看起来很简单，例如，一批原材料是购还是不购，其实也都是一个主观基于对客观情况的分析，构成判断，作出决策的结果。

仅从决策的角度讲，一个优秀的私营公司老板，他的头脑不应是偏激的，应当是健全的。只有拥有一颗健全的大脑，才能做出正确的决策；偏激只能产生错误。

要做好"应急决策"

经营要诀：不会应变，等于死路一条。

在风云变幻的市场中，什么样的突发事件都有可能发生，那么如何去应急呢？即如何去做出切实可行的"应急决策"呢？这个问题很头痛，却不能不去思考。因为你处理不好这个问题，你的公司很可能在一夜之间就会倾家荡产。

决策是公司的一项重要活动，决策质量如何，直接影响到公司经营效果。因此，每一个私营公司老板都非常重视公司决策，都力图不断提高决策质量，为公司经营选择一个较为理想的决策方案。但是，公司决策活动是非常复杂的，涉及公司内外许多因素，要真正选择制定出一个较为理想的决策方案是不太容易的，有时甚至还会出现决策失误，导致公司经营失败。那么，如何才能选择理想决策方案，才能避免决策失误呢？这就要坚持决策的程序化原则。

按程序进行决策是一项通行原则。其优点就在于减少主观随意性对决策的不利影响，降低决策成本，提高决策质量。一般来讲，决策程序由这样几个环节组成：

（1）明确决策问题，即弄清决策目标。首先要明确决策的项目是否构成决策问题和有无决策的必要；其次，要考虑决策目标实现的可能性；第三，决策目标必须明确具体。

（2）调查收集决策资料。决策资料是决策的根据。决策资料的质量对于决策是否正确，能否比较切实地反映客观规律的要求具有决定性作用。因此，决策资料力求做到全面、准确、可靠。

（3）拟定决策备选方案。即根据决策需要解决的问题和收集到的决策资料，先制定出几套决策方案备选。

（4）评价选择最优方案。这是决策过程的关键步骤。对拟定的决策备选方案要依据科学标准进行衡量比较，通过综合评价选择出一个最优方案来。

（5）确定实施决策方案的措施。

在公司经营的过程中，由于公司经营环境的复杂多变性，经常会出现一些事先未曾料到的突发性问题或事件。这种问题或事件的特点是来得急，要求处理的时间性相当强，不允许拖延，如按部就班地按决策程序去进行处理显然是来不及的。这就要求突破程序化原则的限制，按例外原则去处理这类问题。

例外原则是一项特殊性原则。首先它所适应的问题范围仅限于公司事先未曾料到但实际却发生了的问题；其次，这种问题一旦出现就需要马上进行处理，时效性很强；第三，按原有决策程序去进行处理已经来不及；第四，如不马上进行处理就会影响下一次行为活动，甚至对全局产生影响。在实际工作中，这类问题是时常发生的，尤其在目前形势下，公司经营环境非常不稳定，就更容易出现这类来得急、时间紧，而我们又没有什么处理经验的问题。对这类问题如按程序去处理，往往会贻误时机，这就需要按例外原则去处理。

决策不能没有程序。如没有程序，势必会出现决策秩序混乱，主观主义盛行，决策质量降低。但决策又不能事事遵照程序。如不管什么问题，都一味强调按程序进行处理，就会丧失决策机会，最终使问题得不到有效处理。因此，在公司决策过程中，应把程序化原则与例外原则结合起来。既要坚持按程序进行问题决策，又坚持"君命不受"的例外原则，这样，才能把公司决策进一步推向科学化、有效化。另外，例外与例内是相对的，是可以转化的。按例外原则处理的问题，发生多了，处理多了，就会形成一定的处理程序，成为按程序化原则处理的问题。而按程序化原则处理的问题，如果不再经常发生，也会成为按例外原则处理的问题。总之，无论例内例外，都要坚持具体问题具体分析、具体解决的原则和态度。

没有长远打算，只能走一步算一步

一个没有长远打算的人，只能鼠目寸光，看见一点实惠的东西，就会激动得浑身发抖。这种人最可怕的毛病是：走一步算一步，其心理是："只要今天有酒足饭饱，哪怕明天饥肠辘辘。"

长短虚实都要想

经营要诀：多种手段才能救活和保住一个公司。

公司的经济活动具有连续性，它的现状是历史的继续，未来的开始。因此，在目标市场分析面前，成功的公司注意保持战略头脑，力争站得高一些，看得远一些，不计一时得失，根据公司的长期发展目标来选择现实的目标市场。国内某服装公司，1989年成立时，就下决心要在妇女流行服装市场上占据一席之地。12年来，它始终围绕着公司的长期发展目标选择具体的目标市场。公司建立初期，当时只是几个人组成的缝纫组，就根据中国女装仿欧美式样的特点专门裁剪、缝制法式流行女装。60年代初，日本妇女掀起西服热，它便专门承包、定做女式西服，由缝纫组发展成为小型服装厂，在社会上开始站住了脚。从此，它不再局限于跟在其他公司后面"赶潮流"，而开始了解妇女时装需求心理和女装市场行情，在目标市场系列中选择出最佳目标市场——黑色礼服市场。因为它了解到，随着人们生活水平的提高，妇女们希望有一身参加红白喜事时穿的黑色礼服代替传统服装。于是该公司服装公司在大公司尚未经营的领域里开始了黑色礼服的制作，10年之中，年营业额连续翻番。当它注意到黑色礼服在大城市市场趋于饱和时，宁肯牺牲眼前的利益，转变产品方向。近年以来，开始制作花色女式流行服装和装饰品，并逐年扩大比例。这个例子说明，根据公司的长期发展目标选择目标市场，公司就能一步一个脚印地向前发展，最后到达胜利的彼岸。

对远虑与近谋合理综合，公司的长短期目标才能结为一体，为此，我们既要有短安排，又要有长计划。

计划也是一种决策。计划有长短之分，就公司的各种计划而言，既有期限为五年或十年的长远规划，也有期限为一年、一季度或一个月的生产计划，更有以日、时、分为计划单位的生产安排。长计划与短安排是相互联系、相互影响、相互制约的，辩证地看待二者之间的关系，有利于将公司的生产计划落到实处，更好地完成生产任务。

长计划是短安排的基础和前提，短安排必须有利于长计划的实现和完成。如果短期内的生产安排不合理，设备和人员不能满负荷地运转和工作，宝贵的时光就会白白地流失，久而久之，长计划就会落空。反之，如果近期内的生产安排得太紧，设备经常超负荷运转，职工得不到正常的休息和学习，从表面上看，现在超额完成了生产任务，但时间一长，设备由于得不到维修和保养，生产事故频繁，停机时间就会延长，职工不学习、不培训，业务素质不断下降，生产效率就得不到提高，其结果就会给以后的生产带来许多困难，严重影响计划后期生产任务的完成。所以，短安排必须科学合理，必须符合客观实际，不能太紧或太松，也不能平均使用力量，既要确保完成近期内的生产任务，又要为今后的生产创造一个有利条件。

短安排影响长计划，长计划也影响短安排。短期内的生产安排能否顺利实现，最终还取决于长计划制定得是否合理，是否符合实际。如果长计划的各项指标定得太高，公司难以承受，短安排就必然遇到困难，甚至使短期内的生产任务无法完成，最终还会导致长计划的流产。相反，长计划的各项指标制定得太低，就无法充分调整短安排也会由此失去科学性和严密性。

短安排适应长计划，应是积极主动的，而不应是消极被动的。事物总是不断发展变化的，计划期越长，估计的因素就越多，计划就越容易偏离实际，往往今天认为符合实际的计划，明天就可能被证实是不合适的。所以，在安排短期生产任务时，要及时纠正长计划中不正确的内容，以提高长计划的准确性，使计划真正起到指导生产经营活动的作用。如果不考虑实际情况，不考虑各种变化，完全受长计划的约束和限制，短安排就会失去活力，失去计划期内的各种机遇。不通过短安排及时调整长计划，还可能使年度计划内的季度、月度计划衔接不上，相互脱节，影响公司的生产和经营。

为处理好计划上的"长"与"短"，在时间上就要处理好"远"与"近"的问题，既要明确远期完成什么任务，实现哪些目标，又要明确近期应完成哪些任务，实现哪些目标。此外，在计划指标上还要处理好

"虚"与"实"的问题，相对地说，长计划的各项指标较"虚"，短安排的各项指标较"实"，只有通过完成短安排的"实"，才能使长计划中的各项指标实现由"虚"向"实"的转变，使长计划得以顺利实现。当然，我们应力求长计划要"虚"中有"实"，即制定长远规划时不仅要考虑公司的发展壮大，还要充分估计公司的现状和可能遇到的困难。短安排也要"实"中有"虚"，即安排短期内的生产任务时，既要充分了解公司的生产能力和各种约束条件，按生产能力的大小确定某一时期的产量；同时又不能过于保守，要解放思想，积极采用新技术、新工艺，充分开发职工创造力和革新精神，在较短的时间内创造出尽可能多的劳动成果。

善放长线，才能钓大鱼

经营要诀：等待是必须的，急躁是需要克制的。

在国际化经营中，国内前沿公司始终把提高产品的市场占有率列为最优先的目标。在眼前利益与长远利益矛盾时，常常是不惜牺牲眼前利益，尽力争取长远合作和长远利益。他们时而压价经销产品，时而杀价推销设备，目的只有一个，就是击败竞争对手，扩大乃至垄断市场。在有这些公司产品的市场里，销售额是有增无减，不断膨胀。市场竞争，重在争夺市场。在对外贸易中，我国的公司要把争市场放在首位，以追求长远利益为目标，提高市场占有率。

我国某省有 A、B 两个橡胶厂，几乎同时接洽一笔外贸生意——巴基斯坦某厂商想加工一种异型轮胎，但数量只有 5 套，出价比普通轮胎高 1 倍。

A、B 两厂几乎同时算账：达到对方设计要求，难度很大，即使技术不成问题，也难得为 5 套轮胎特制模具；投资至少 2 万元；而销价仅比普通轮胎高 1 倍，他们的结论完全一样，这笔生意很费事，要赔本，再精打细算也要赔 1 万元。

A 厂把算账结果告诉客人，要求加价。客人一再解释：他们因预算所限，无法加价；只要这 5 套轮胎可用，他们将大量订货。

A 厂认为对方的话可以理解，只是觉得万一这 5 套轮胎不能用，自己亏的钱不就白亏了吗？以至于再三讨价还价，双方都是各执己见，结果生意告吹。

B 厂得到这讯息后，未说二话，答应与客人拍板成交。客人反倒觉得成交过于顺利，似乎不大放心，便说："一定要按图纸要求生产，按我们规定时间交货。"B 厂厂长认真地说："那自然，我们可以在签合同时明确写上双方的义务和权利，以及违约罚款条款。"

"你们不怕亏本？"客人笑起来了。

"我们不怕！"B 厂厂长也笑道："为了双方的友谊，我们愿意亏点本。"

合同签订后，B 厂认真组织生产，全面履行合同，按时保质交出了客方所需货物。

客方试用后认为可用，便与 B 厂首次批量订货 8000 套；继而 1 万套。

从此，B 厂这种轮胎除经销巴基斯坦，还走销十几个国家，厂名远扬，财源滚滚；A 厂厂长瞠目而视，悔不当初。

坐等机会，如同盼着天上掉下馅饼来

坐在办公室等机会，不愿出去找机会，是做不成大事者的共同习惯。天上永远掉不下来馅饼！凡是能做成大事的高手，都是及时捕捉机会的"狐狸"！

强拳出击，打开市场

经营要诀：敢于去试一把！

私营公司如何开拓市场呢？其奥妙何在呢？不妨先看以下开拓市场的技巧：

（1）采取目标市场定位营销

在任何一个市场中，由于顾客人数较多，散布广泛，而他们的购买要求又截然不同，而且总会有一些竞争者将对这个市场上的特定顾客的服务上占有优势地位，因此任何厂家试图为某一市场的全体顾客服务是不可能的，厂家只有分辨出它能有效为之服务的最具有吸引力的细分市场，扬长避短，而不是四面出击，这就是公司在市场细分化的基础上采取目标市场定位营销。

我国的牙膏市场可谓品种众多，商店里摆放的牙膏琳琅满目，众多品牌充斥市场，但宝洁公司依然想在中国的牙膏市场分一杯羹，其采用的就是对市场进行细分的基础上应用目标市场定位方法。宝洁公司发现中国的牙膏产品虽然众多，竞争激烈，但各种牙膏品牌都处于低档的牙膏消费品，宝洁公司瞅准空档，推出高档的"高露洁"牙膏，马上在中国打开销路。我国的补血药剂产品首推武汉的"红桃K"，其在市场上的销售广告几乎无处不在，就连穷乡僻壤的乡下土墙上都有"红桃K"广告，而另一生产同类产品的公司的"美媛春"欲与之竞争，其也是采取对特定市场的定位营销，"美媛春"推销的对象主要是贫血、妊娠、产后的妇女，集中力量在这片细分的市场上大动干戈，补血剂的这部分市场被"美媛春"抢占。试想如果"美媛春"全线进攻，会有什么效果呢？这可从另一个例子看出，"娃哈哈"是与乐百氏同列儿童食品的龙头老大，"娃哈哈"果奶在电视上的广告词"甜甜的，酸酸的，有营养，味道好"，儿童几乎都会唱，销售极佳，然而可能"娃哈哈"并不满足儿童市场，后来居然出现了"娃哈哈"果奶老爷爷也爱喝的广告，其目的就是为了扩大目标市场，进入老年人市场，可惜适得其反，这样一来小朋友们觉得"娃哈哈"不再是他们的专利，转而失去兴趣，使销售反而下滑，幸亏"娃哈哈"及时刹车，才不至于乱了阵脚。事实上，"娃哈哈"公司最初也就是在分析国内饮料市场的基础上，发现了38种饮料都是男女老少皆宜的种类，而定位于儿童市场获得一举成功的。

（2）强化公司营销能力，规划好营销战术

强化公司的营销能力首先要求厂长经理们重视营销，应该认识到营销是战略问题，搞好销售不只是一次精彩的促销活动，也不只是投入一笔巨大的广告费用，不只是靠一两个优秀的推销员，也不只是靠一两笔较大的订货合同，经营者关注的应是如何确保在公司内建立起长期稳定的销售局面，应确立销售创造价值的经营理念。著名的计算机公司 IBM 提出"公司的价值来源于销售"，IBM 认为在公司内只有销售工作才能带来收入，其他工作只是增加费用开支。一个公司生产出来的产品不能销售出去，那就像英国著名的管理专家罗杰·福尔克所说："一个公司如果它的产品和劳务不能销售出去，那么即使它的管理工作是世界上最出色的也是白费力气。"

公司强化营销能力，就要建立情报系统。如"长虹"公司的中层干部定期站柜台与客户接触，力求得到顾客的要求与市场的信息，其总经理一年有 1/3 以上的时间在全国各地了解市场情况，且有上千人的销售队伍与顾客接触，该公司的业绩与这些情报系统是分不开的。

还有一种以快取胜的拓销策略，只要时机抓准，抢占主动，夺机迅速，就能很快出新品，创出超人业绩。从而赢得市场。

世上没有万无一失的成功之路，动态的市场总带有很大的随机性，各要素往往变幻莫测，难以捉摸。所以，要想在波涛汹涌的商海中自由遨游，又非得有冒险的勇气不可。甚至有人认为，成功的因素便是冒险，做人必须学会正视冒险的正面意义，并把它视为致富的重要心理条件。

善于搞出点"新东西"

经营要诀：新意是被创造出来的。

在竞争中，各公司的产品常常会"势均力敌"，不分上下，这时竞争的胜负便取决于产品的质量高低。俗话说："不怕不识货，就怕货比货"。消费者在比较中就会知道谁优谁劣。那么，他们会择优而汰劣，而劣者将无市场。所以，公司都将提高产品质量作为取胜之道。美国一家洗衣机公司的广告中这样写道："本公司负责维修的人员是世界上最孤独的人。"如果负责产品维修的人真正孤独了，那么，产品本身一定有很多的朋友。事实上，他们也正是靠质优来取胜的。

你注意到一个奇妙的现象吗？随着社会发展，人的生命周期正在不断延长，而产品的生命周期却在不断缩短。在美国，大约有70%的产品，市场寿命只能维持三年到五年。在日本，新产品在全国市场的占有率1951年为7%，1961年为40%，进入80年代后上升到70%以上。这种变化既有科研和生产紧密结合的原因，又有人们的享受由低档次、固定化向高档次、多变化方向发展的原因。公司欲取得竞争胜利，只有创新——创新——再创新。创新成了公司竞争的一个重要策略。要体现新就要做到别人尚未想到的你先想到；别人尚未看到的你先看到；别人尚未行动的你捷足先登；别人都有的你与众不同，使自己的做法总是出人意料。

公司为了生存和发展，必须不断地研制新产品，进行多边经营，同时还要不断地转变产品生产方向。

当进行技术革新和研制新产品时，也必须适应因消费者生活方面的改变而引起的消费者需求的变化，来改革公司提供商品和服务的内容。在改变产品方向时，公司内部的生产结构也必须改变。

技术开发的最终成果就是要为公司创造出全新的、别人所没有、为人所未知的新产品与新工艺，以推进生产力的发展，增加产品的市场竞争力。但技术开发一般需要较长的时间，对可能取得较大成果的研究与开发需要的时间就更长。而且，技术开发还需要耗费巨额的费用。然而，即使花费了大量的资金与时间，是否一定能出成果，则是一个未知数。一般而言，在所有有希望从应用研究进入产品工艺开发阶段的新颖设想中，只有20%能最终成为产品投放市场或成为工艺得到应用。而在这20%的成功设想中，真正能获得市场效益的又只是其中很小的一部分。因此，公司直接投资从事技术开发，便具有相当大的危险。

在这种情况下，公司直接进行技术开发就可以称作"直"，而引进先进技术研究成果，用较小的投资取得较大的效益，就成了"迂"。所以说，迂直之计，后发先到，是公司技术开发的良策。

作为私营公司来讲财力有限，那么有条捷径便是：模仿，也许有人会问，引进先进技术，那先进的技术原本是人家的，你不过引了进来，能够超过人家吗？回答是肯定的。这里的关键是公司要有较强的消化、吸收和创造的能力。技术引进避免了基础研究与应用研究的长期而又不明前景的大量投资，大大减少了技术开发投资的风险性，如果公司能迅速而又巧妙地对别人的成果加以利用和改进提高，就可以完全在自己的市场地位尚未受到严重影响之前，搞出与竞争对手提供的新产品不相逊色或更为先进的产品。

当然，在技术开发上的"后发先至"，并非轻而易举。首先，先进技术的巨大作用和所带来的巨大利润会引起全社会的广泛注意，"后发先至"的理论已被许多老板所熟悉。发明先进技术的人不一定能发财。所以，现在世界各国都在极力保护自己的知识产权，对先进的生产技术及关键环节予以严格保密，或利用专利来保护自己的利益。各国间的技术间谍战激烈进行。所以想既合法又迅速地得到先进技术，确是需要下很大的功夫的。

其次，引进先进技术的关键是公司要有较强的消化、吸收和创造能力。要求公司有自己的人才和较高生产技术。日本之所以善于"拿来"、巧于"借用"，"青出于蓝而胜于蓝"，主要一条就是日本的国民教育水平较高，而且具有一定的技术基础，"拿来"的大量先进技术，可以通过自身的消化理解，加以改造，最终变成自己的拳头产品。

产品的开发还应当以"奇"制胜，对于一个公司来说，常规的产品与生产流程可说是"正"，而新产品、新工艺、新的经营管理招式则是"奇"。如果一个老板只知道按部就班，几十年一贯制地从事生产经营，不注意信息反馈，及时革新工艺，进行产品更新换代，那么，他必然会在市场竞争中遭到失败。而一个在生产经营上不断开拓创新的公司，则始终充满生机和活力，胜利者的桂冠永远是属于他们的。泰国大力公司是以生产圆珠笔为主的综合性公司，年产圆珠笔3亿多支，其中三分之一在国内销售，其他出口到二十多个国家和地区。该公司注重产品质量，讲求信誉，出售的笔凡顾客不满意的，给予退换，然后研究毛病所在，不断改进。同时，他们不断推出新产品，一件新产品往往只能维持两三年。该公司认为，"多年一成不变是自杀的道路"。因此，它们每年都有两三种新产品投放市场。大力公司正是以优质产品之"奇"，相互结合，才在激烈的圆珠笔市场上立于不败之地的。

追求产品的"奇"，并非都要另起炉灶，从头做起。许多产品，很有用途，在开发生产初期未被发现，人们便认为其前景不大，其实如果生产者和经营者能够根据市场的需求，对原有的产品再开发，就能够开拓出各种新的市场。有的产品，当感到"山重水复疑无路"的时候，只要多动动脑筋，改变产品的使用和式样，以适应顾客的需要，便是"柳暗花明又一村"，同样能够得到好的效益的。如公司生产出来的产品，有时由于各种原因，会出现不被消费者所接受的现象。这对公司来说是个最不愿意发生的事情，但是，如果改换销售手法，采取恰到好处的营销策略，就会使事情大有转机。

例如，随着人们生活方式的变化，原来市场上的老式样的男式圆领汗衫越来越无人问津，只有一些老人才穿它，因此人们便称其为"老头衫"，在许多工厂的仓库里，"老头衫"积压严重，以至工厂发不出工资。佳美针织厂原来的主要产品就是生产这种男式汗衫，由于产品积压，缺乏资金，工厂面临破产的境地。这时厂里有一个年轻的女技术员提出了一条建议，将积压的白汗衫在其后背和前胸部印上一些美术字的警句，例如："朋友，请自尊"、"喂，别烦我"、"忍一步，海阔天空"等等，做如此小改动，或许能打开销路。她的理论根据是："年轻人有求新求异求奇的心态，而在衣服上印上漂亮的警句，正附和他们追求新奇的愿望，这样做'老头衫'有可能变成时装衫。"厂里老板采纳了她的建议，试印了一小批投放市场，美其名曰"文化衫"。令人吃惊的是，销售情况出奇地好。"文化衫"畅销说明，新产品的开发，有的需要有新的技术、新的原材料、新的工艺等等，但也有的只需对原有的产品略加改进，添添补补，化整为零，重新组合，就能成为令人耳目一新、爱不释手的产品，关键就看你能否在平常中见神奇，出奇制胜。

"避实击虚"，钻对手的空子，也是商战之要诀。强者对强者、弱者对强者都可用此法取胜。随着科技的进步，经济的发展，人们的消费需求愈来愈个性化，新的社会需求也不断增加。一些有经营头脑的公司和个人，在强烈的市场意识指导下，生出许多奇思妙想，开创了一个个能满足个人和社会需要的新行业。我国北方一位乡镇公司皮鞋厂的厂长在逛市场时，看到一个顾客穿着一身时髦的西服，可脚上却踏着一双布鞋，这身装束很不协调，这位鞋厂的厂长不觉上去探问了一下："您为什么不穿皮鞋？"顾客答道："脚气严重，没有福气穿啊！"这句不易被人注意的话却拨动了这位善于捕捉信息的厂长的敏感神经，对！研制药物皮鞋，防治脚气病。中国人生脚气病的多，这可是一个规模不小的市场呵！他立即向药材公司和有关科研单位取经、学习，并高薪聘请科研人员研制药物皮鞋。不久试验成功，经过上级科研单位的鉴定，防治效果达90%以上，新产品还获得了省和国家的科技成果奖。药物皮鞋上市后，四面八方闻讯赶来买鞋的人差点将皮鞋厂的门挤破了。

开发新产品其实也不仅仅是开发，而且还在于引导，能够引导消费的商人，能够是创造出非凡的产品，产品新颖、实用、充满创意，能给生活增添方便，增加乐趣。公司再加以大量的广告宣传，引得人们纷纷购买。这是高明的经营者，但还不是顶尖高手。真正的顶尖高手能够创造一种生活方式，他告诉人们，这是一种新的生活方式，选择了它你就选择了时尚，选择了享受。

　　成功创造一种生活方式的公司最后都是获取大利润的公司。当然能有这种能力的都是一些世界著名的大公司。他们当初引导消费时，主要目的是促销本公司的产品，结果他们的大力提倡加上公司的实力，竟使得一部分人真的改变了自己的生活习惯，变得离不开这些公司所倡导的生活方式，从而离不开这种产品了。其实如果讲究策略，私营公司也可以在这方面有所建树的，引导消费带来的收益将令你意想不到，努力引导人们把它作为生活的一部分来接受它：让它渗入人们的生活中。

天规五

只钻空子，发不了大财

光想靠钻空子，去发小财是可能的，但是发不了真正的大财，因为真正的生意不是投机取巧，而是一种才智和实力的较量。钻空子的人，仅仅是得手一次算一次，根本不考虑把生意做大的秘诀。

投机心理要不得

经营要诀：钻空子的都是老鼠。

当我们审视一些私营公司的发迹史时，不难归纳出这样一条"经验"：不少公司的成功具有偶然性，大多是抓住一两个好的产品，瞅准一个市场空当，押宝于市场促销，一举成功，然后如法炮制，就像赌博一样，赌赢一次，准发大财。

公司创业初期运用的这种策略虽然奏效，却为将来的失败埋下了伏笔。一些私营老板因此形成了投机心理，始终抱定了一个信念：胆大赚大钱，胆小赚小钱，没胆不赚钱，一赚就赚大的。于是，总是睁大眼睛寻找市场中可以获取暴利的机会，而不想扎扎实实地创实绩，思想急功近利，经营行为浮躁。只想日进斗金，而不屑微利。很多时候就出现这样的情况：看到某个产品在市场上走俏，大家便一哄而上，生产同一产品，选择同一项目，角逐同一市场，最后斗得两败皆伤，谁都没赚钱，谁都大伤元气。

实际上，目前的经济态势已经很少有暴利可图了，全社会已经在一个较低层次上告别短缺。工业经济时代的收益递减规律在目前的买方市场下向公司发起了严峻的挑战，公司进入微利时代而市场竞争加剧，填平补差式的发展可能性不大，如果不能在结构上提高层次，仍然想靠特权、靠贷款、靠炒作、靠一个点子、一个策划、一个机会来发大财，最终会使自己发财的梦想变成泡沫。据调查，我国私营公司产品的平均知识含量低于15%，知识含量低则更新换代能力弱。所以，相当多的私营公司陷在一个不断重复的"模仿别人的同时又被别人模仿"的怪圈之中，长期处于市场的追随者或落伍者的地位，随时都有被淘汰的危险。而一些公司在经营项目知识含量和智慧含量偏低的情况下，不想提高而又想赚钱，那就只有昧着良心造假，靠造假冒伪劣产品哄人了。造假虽可带来一时的暴利，但最终将为公司自掘坟墓。

由此可见，一个公司要想发大财，获大利，必须放弃"钻空子"求短利的短见，扎扎实实打好功底，做好长期打算，这样才能求得"长利"。另外，克服这种短利意识的方法就是要有竞争意识。

一个公司要想生存并且取得长足发展，就要使公司中每个人都牢固树立起竞争观念，永不松懈。

竞争是公司成功的必由之路。公司中每个成员必须树立竞争观念，懂得优胜劣汰、新陈代谢是宇宙万物的普遍法则，也是公司生存、发展的客观规律。树立竞争观念，应把握以下几点：

（1）要有勇于竞争，敢于胜利的精神。竞争必然有成功和失败，失败是一种压力，有压力才有动力，害怕失败，就不敢竞争。要相信自己有能力、有信心把公司搞得更好。只有树立了敢于竞争的思想，才能激发起自己的智慧和才能，鼓舞起职工的信心和积极性，上下一致，群策群力，战胜竞争对手，取得成功。

（2）优势是暂时的，劣势可以改变。在公司的竞争中，没有只胜不败的公司，今天成功了，明日不一定成功。只有居安思危，不断创新，不断进取，才能脚踏实地，乘风破浪前进。一旦决策失误，受到挫折，也不要一蹶不振，灰心丧气。竞争给人以机会，只要吸取教训，自强不息，完全可以东山再起。

（3）胜负不凭大小，扬长可以取胜。大公司有它的优势，也有它的不足，规模庞大，就必然存在着惰性，不能适应千变万化的形势发展。大小公司相争，各有各的长处，并非大就吃小，只要小公司了解自己的优势，正确分析双方力量对比，制定正确的竞争策略，扬长避短，是完全可以战胜大公司的。同样，大公司决不可居大自傲，唯有兢兢业业，方可避免失败。

（4）无功就是过，拼搏才能成功。不犯错误，甘居中游的落后、迂腐观念，已被竞争的时代远远抛弃。要么拼搏取得成功，要么落后遭到淘汰。公司中每一个成员，应该有强烈的竞争欲望和求胜精神，要敢于出人头地，不怕风险，具备"你行我要比你更行"的心理。永远进取，永远开拓，这是公司获得成功的原动力。

在市场上摸爬滚打

经营要诀：在教训中成长，是最大的资本。

钻空子的心理是想偷着发财，赚大钱，实际上这都是小技巧。只有在市场上摸爬滚打，才能真正地赚到大钱，而且会长久。

市场引导一切，市场决定一切，当我们踏实下心来，决心要做好公司时，一定要用市场观来武装自己。

市场观是指生产要面向市场和用户的观念。按照市场需要组织生产，热忱为用户服务，这是商品经济的客观要求。公司中每个成员的市场观念应有以下几方面的具体要求：

（1）重视市场研究。社会需求总是通过市场反映出来的。市场是社会需求的晴雨表。市场需求是公司经营活动中最活跃的起主导作用的因素。在没有了解市场需求之前，公司盲目地生产和开发某种产品，往往只会带来销售上的失败。因此，公司在确定生产何种产品或提供何种劳务之前，首先必须了解市场需求，并结合本公司的生产技术特点去努力适应这种需求。

（2）开拓潜在市场。市场要求的产品往往以潜在形式存储着。例如，消费者在工作、劳动、学习、生活中潜存着安全、节约、效率、求知、装饰、健康、舒适、纪念等各种物质的和精神的需要。因此，公司要研究这些需要，创造这些需要，满足这些需要。

（3）搞好用户服务。市场观念的核心是一切为用户服务。在任何时候，用户的需求决定着公司的命运。因此，无论公司的任务是否饱满，产品是否畅销，都要牢固树立用户观念，端正服务态度，诚心诚意地为用户服务。

天规六

慢半拍的后果是被动挨打

有些人做事总是慢半拍，看见别人成功了，就红眼，自己马上跟着跑；这种人总怕危险，而一味求稳。生意都是危险的游戏，只要看准的，就先下手为强。

千万别错过这个"村"

经营要诀：不要让机会成为废品。

竞争市场，变化万千。"沧海变桑田，桑田变沧海"，"此一时，彼一时"。随着时间和空间的变化，竞争者的多少，竞争力的大小，竞争的范围，竞争的强度都在变化。作为一个公司，在竞争激烈的市场上，无疑要把握时间与空间的变化，靠巧用时间取胜，靠选择空间取胜。

"时间就是金钱，效率就是生命"。把握时间，选择时机，是竞争取胜的一个重要因素和手段。在激烈的竞争中，时机往往是成功与失败的交点，机不可失，时不再来。抓住时机，则能在竞争中取胜；而丧失时机，则往往失败。

广州航海仪器厂的凤凰牌洗衣机和广东机引农具厂的百乐牌洗衣机，试制的开始时间大致相同，从最初送到家用电器研究所鉴定的样机看，两家产品各有所长，外形美观程度也相仿。在1981年洗衣机热时，航海仪器厂及时拿出了产品，并且日趋完善，而广东机引农具厂则久久未能形成批量生产能力。于是，航海仪器厂时间超前一步，"凤凰"起飞了；广东机引农具厂时间落后一步，"百乐"牌夭折了。由于"凤凰"牌洗衣机在市场上先入为主，先声夺人，影响甚大，很快就站稳了脚跟。而机引农具厂要挤进市场，非要胜"凤凰"一筹不可，但当时该厂拿不出质量上、价格上胜人一筹的产品，进入市场只慢了几个月，在竞争中就彻底失败。

把握时间，还要巧用时间。时间是公平的，它奉献给大家的数量相等，但不同的利用方法，却可带来大不相同的效果。我们要学会巧用时间。有一家小商店处于大商店林立的繁华街道，从竞争力而言是无法与大商店相比的。但他们巧用时间，将商店开门时间提前一个小时，关门时间错后3个小时，在大商店营业繁忙的中午关门休息，使得该店营业额不但不低，还稳中有升。他们虽然店小、人少，竞争力差，但靠巧用时间，获得了成功。

事实上，很多产品都有时间性，有旺季与淡季之分。公司要善于根据产品淡旺季的不同，采取不同的竞争策略。总之，如何把握时间、巧用时间是关系经营成败的一个重要问题。

懂得"循环作业"

经营要诀：一步一步制定经营术。

在美国市场上曾出现过一种注册为"芭比"的洋娃娃，每只售价仅10美元95美分。就是这个看似寻常的洋娃娃，竟弄得许多父母哭笑不得，因为这是一种"会吃美金"的儿童玩具。

芭比是如何吞吃美金的呢？且看以下的故事。

一天，当父亲将价廉物美的芭比娃娃买下并作为生日礼物赠送给女儿后，很快就忘了此事。直到有一天晚上，女儿回家对父亲说，芭比需要新衣服。原来，女儿发现了附在包装盒里的商品供应单，提醒小主人说芭比应当有自己的一些衣服。做父亲的想，让女儿在给娃娃换穿衣服的过程中得到某种锻炼，再花点钱也是值得的，于是又去那家商店，花了45美元买回了"波碧系列装"。

过了一个星期，女儿又说得到商店的提示，应该让芭比当"空中小姐"，还说一个女孩在她的同伴中的地位，取决于她的芭比有多少种身份，还噙着泪花说她的芭比在同伴中是最没"身份"的。于是，父亲为了满足女儿不算太过分的虚荣心，又掏钱买了空姐制服，接着又是护士、舞蹈演员的行头。这一下，父亲的钱包里又少了35美元。

然而，事情并没有完。有一天，女儿得到"信息"，说她的芭比喜欢上了英俊的"小伙子"凯恩，不想让芭比"失恋"的女儿央求父亲买回凯恩娃娃。望着女儿腮边的泪珠，父亲还能说什么呢？于是，父亲又花费11美元让芭比与凯恩成双结对。

洋娃娃凯恩进门，同样也附有一张商品供应单，提醒小主人别忘了给可爱的凯恩添置衣服、浴袍、电动剃须刀等物品。没有办法，父亲又一次解开了钱包。

事情总该结束了呢？

没有。当女儿眉飞色舞地在家中宣布芭比和凯恩准备"结婚"时，父亲显得无可奈何了。当初买回凯恩让他与芭比成双结对，现在没有理由拒绝女儿的愿望。为了不给女儿留下"棒打鸳鸯"的印象，父亲忍痛破费，让女儿为婚礼"大操大办"。

父亲想，谢天谢地，这下女儿总该心满意足了。谁知有一天女儿又收到了商品供应单，说她的芭比和凯恩有了爱情的结晶——米琪娃娃。天啦，又冒出了个会吃美金的"第二代"。

从对吃美金的芭比娃娃的描述中，您也许会责骂玩具店的老板在变着法子掏人的钱袋，但从市场营销的角度看，这种诱"敌"深入的"芭比策略"却给人深思与启迪。

不让有用的信息白白流失

浪费信息，等于失去财富。不在信息上动脑筋、下功夫，你所做的一切就可能重复别人的劳动，自己还蒙在鼓里，不知东西。让信息流失，是成功商人最忌讳的事情。

敢把信息变成钞票

经营要诀：学会点击信息，就会有收获。

信息的分析也可以说是对信息的加工整理。只有经过加工整理的信息，才能形成质量更高的信息，进行贮存和使用。所以，市场信息的加工整理是信息工作的重要任务。而信息的利用则是信息的最终目的。掌握及时的、灵通的市场信息，为经营者的决策提供决策的方向、目标和依据。从而对判定科学的决策起着决定作用。

对信息的分析与利用，我们不妨从生产领域和营销领域两个方面来论述。

（1）生产领域

生产领域应用市场信息，是用它来指导生产方向、生产目标，以及生产领域的经营管理。例如，某生产者在一定时期里，生产什么产品，开发什么新产品，淘汰什么产品，在一定时期里，产品的质量、品种等所要达到的目标，生产经营管理中，一些具体问题的解决，这些都需要应用市场信息，而且信息内容包括很多。包括产品的生产能力，现在已达到的生产量。产品在市场上的销售能力，产品在市场上的竞争能力等。因此市场信息的分析与利用对生产领域来说，是关系到生产者生死存亡的关键环节。

色拉调料是国外许多家庭必备调料，有一家国内公司大胆开发国外市场，而且，该公司十分注意信息的收集、存储和分析利用，以此为依据，不断改进色拉调料的配料、色调和经营决策。从而使这个公司生产的色拉调料深受妇女们的欢迎，获得了较好的经济效益。这个公司每隔两年就要进行一次家庭妇女的爱好与习惯调查，广泛征求意见。1976年8月的一次调查中，公司询问家庭主妇如何调配莴苣菜，都放什么佐料。调查结果表明：大多数家庭主妇在拌莴苣时，不仅放色拉调料，还要加盐、胡椒、鸡蛋、洋葱、小黄瓜等调味品。由此，公司职员们想到如果把这些调味品都放进色拉调料中，将会给家庭主妇们带来很大的方便，而公司也将推出自己的重要产品。于是，公司便组织人员试制并获得成功，又一种畅销新产品问世了。

一条信息，往往本身对自己公司并没有多大应用价值，但经过联想分析，便可从中发现可以为我所用之处。

广西的竹器厂，在原材料涨价、竹制品滞销、公司陷入困境的情况下，收集到高级沙发、洗衣机、落地扇的市场需求量激增的信息。该厂对这一信息进行联想分析得出：我们虽然无法生产洗衣机、电风扇和高级沙发，但是这些产品都需要万向胶球与之配套，而该厂恰有炼制废旧橡胶的条件，可以生产万向胶球。于是，该厂便转向生产万向胶球，很快投放市场，发展十分顺利。

这些例子都向我们显示出：信息的分析与利用在生产领域中的影响是非常重大的。它能给公司带来巨大的经济效益。然而，只有经过论证的信息，才能被选用，才能保证其效用性，取得好的社会效益和经济效益。

（2）营销领域

与生产领域一样，信息的分析利用同样在销售领域中起着指导作用。

销售有两种情况。一种是生产者向中间商的销售；另一种是商业公司向最终消费者的销售。应用市场信息进行商品销售，主要是应用市场需求的信息进行商品销售和指引销售目标，调整商品构成，组织新商品投放，以及为商品寻找市场等。

前一种销售属于生产公司的销售。这种销售所应用的市场信息，主要是商业公司的销售能力，商业公司的销售目标等信息。后一种销售是向最终消费者进行的销售。进行这种销售所应用的信息，主要是消费者的需求信息。包括消费者的需求目标，消费者的需求构成，消费者对新商品的需求，以及哪些消费者需要某些商品等。准确地掌握这些市场信息，可以有效地进行商品销售，取得更好的社会效益和经济效益。

长春市在1987年上半年进行了民意调查，发现了一个普遍存在的社会性问题：交通事故增多。这一动向，被一家五金商店掌握了，它知道要解决这一社会问题，必然由交通部门出面进行全市交通治理，这样将需要大批车铃上市。因为据调查，长春市有许多自行车没有配备车铃。

结果，这家商店提前组织进货，取得了良好的经济效益，而且赢得了交通部门的好评。因此，信息灵不灵，是经营者能否在商战中取胜的先决条件。作为商战的参加者，要随时随地广泛收集报刊、电视里的经济信息和政策变化，甚至天气预报也要密切注意，并将这些信息与自己的经营活动联系起来进行分析整理，取得主动。

苏北有一家规模不大的百货商场，在88年春节后从全国大型电扇公司进了大量的电风扇。当时店里的人很不理解，觉得原本资金就不多，这一下又把资金压在了"冷货"上，此举实在不明智。然而，一进入夏季，气温一天比一天高，多年不遇的难熬暑热使人们拥进大小商店，电风扇成了抢手货。这家商场有备无患，一下子猛销出近万台，一举得到十几万元的利润。原来，这个商场经理平时注意收集信息，尤其是天气预报。他了解到那年夏天将有多年不遇的高温天气，从而分析预测出电风扇将会畅销，于是下定决心，做了这笔成功的买卖。很多人都说：这是夏天的赐予。

对于小本经营者来说，虽然资金不能用来开百货商场或五金店，但可以借助信息开本小利大的行业。

美国佛罗里达州有位小商人，注意到家务繁重的母亲们常常临时急急忙忙上街为婴儿购买纸尿片而烦恼，于是，灵机一动，想到创办一个"打电话送尿片"的公司。送货上门本不是什么新鲜事，但送尿片则没有商店愿意做，因为本小利微。为做好这种本小利微的生意，只能精打细算。这个商人雇用全美最廉价的劳动力——在校大学生，让他们使用最廉价的交通工具—自行车。他又把送尿片服务扩展为兼送婴儿药物、玩具和各种婴儿用品、食品，随叫随送，只收百分之十五的服务费。结果，他的生意越做越兴旺，从小利变成了大利。

现代经营中，家庭小商店比比皆是。如何让家庭小店生意越做越红火呢？这里我们再举一个例子。

我国曾流行一时的"七·十一店"就是这种家庭小店。它从早上七点到晚上十一点一直营业。这种店虽小却很方便，主要经营食品和生活必需品。令人奇怪的是这种小店开在大商场旁边，但却充满活力而不衰。这种小店营业时间长，终年不停业，只要敲一敲门，主人就会来售货，方便至极。由于主顾之间彼此是邻居，提供信息也就极为方便。小店中对信息的处理更灵活方便，能够很快地满足顾客需求。

在信息的分析利用中，不要只利用了就完事大吉，还要注意信息反馈。因为通过信息反馈，不仅可以掌握消费者需求的满足情况，有利于以后提供更有效的商品供应信息，还可以指导生产的进行，对在使用中效果大的信息可继续供应其他生产部门，对在使用中效果小或无效果的信息，进行淘汰，再寻找新的市场信息来指导生产的进行。

另外，通过信息反馈还可以促进公司不断提高产品质量，降低商品成本，为改善公司经营管理创造条件。

国内的一家化妆品生产公司就是靠重视信息反馈而大获成功的。它和出售他们化妆品的几千家商店签订了合同：即由他们提供费用，各家商店负责为他们搜集有关市场情报。只要有人购买了他们的产品，商店都会记录在案，再转至该公司账下。公司对情况进行综合分析加工，制定新的生产计划。

综上所述，市场信息对私营公司来说，是至关全局的重要环节之一。关键看你怎样去捕捉和利用。

把手伸进夹缝里

经营要诀：从被忽略的地方找到成功的密码。

成功学家希尔认为，抓住机遇即见缝插针，匡救一篑。"见缝插针"的实质就是抓住时机，尽量利用一切可以利用的机会，采取行动。如果把"缝"看作是一种机遇的话，"见缝"则是要善于发现机遇，捕捉机遇，然后不失时机地"插针"，利用机遇，实施自己的宏伟蓝图。

在商业领域里"见缝插针"一直是许多精明人信奉的生意经。"匡救一篑"是要善于探求别人功亏之因，寻求"一篑"，深入开掘，锲而不舍，进而获效。九仞高的山就差一筐土而不能完成，不能不令人深感遗憾。在做生意中，由于人力或物力上的种种原因，而这"一篑"之亏，往往又会给智者带来一篑之计，就是匡正和挽救他人的失误，而获得创造性机会的谋略。

世界著名的老板阿曼德·哈默的成功之道很能说明问题。

阿曼德·哈墨于 1898 年 5 月 21 日生于美国纽约的布朗克斯，祖上是俄国犹太人，曾以造船为生，后因经济拮据，大约于 1875 年移居美国。他的父亲是个医生，兼做医药买卖。哈默是三个兄弟中最不听话但又最富于创造精神的一个。

就在哈默 16 岁的那年，他看中了一辆正在拍卖的双座敞篷旧车，但标价却高达 185 美元，这个数字对哈默来说是惊人的。尽管如此，他仍然抓住机遇不放，还是向在药店售货的哥哥哈里借款，买下了这辆车，并用它为一家商店运送糖果。两周以后，哈默不仅按时如数还清了哥哥的钱，自己还剩下了一辆车。哈默的第一笔交易与后来相比起来根本不算什么，但当时对他来说却属"巨额交易"，在这笔交易中，哈默考察了自己的竞争能力和独创赚钱途径的本领。

第二次世界大战期间，美国人民的生活水平有了显著提高，吃牛肉的人越来越多，优质牛肉在市场上很难见到，已成为大公司主的哈默"见缝插针"，迅速在自己的庄园"幻影岛"上办起了一个养牛场，他用了10万美元的高价买下了20世纪最好的一头公牛"埃里克王子"。"埃里克王子"像棵摇钱树，为哈默赚了几百万美元，而哈默也从此由门外汉变为牧场行业公认的领袖人物。

哈默自从1956年接管了经营不善、当时已处于风雨飘摇之中的加里根尼亚的西方石油公司之后，开始热衷于石油开发事业。当时，有一家叫德士古的石油公司，曾在旧金山以东的河谷里寻找天然气，钻头一直钻到1700米，仍然见不到天然气的踪影。这家公司的决策者认为耗资太多。如果再深钻下去很可能是徒劳无功难以自拔，便匆匆鸣金收兵，并宣判了此井的"死刑"。

哈默以30%的风险系数，70%的成功概率，带着妻子和公司的董事们来到这里，在被判"死刑"的枯井上又架起了钻机，继续深探，结果在原来基础上，又钻进1000米时，天然气喷薄而出。这就是见缝插针，匡救一篑的威力。

后来，哈默又成功地运用了这个威力无穷的原理。他听说举世闻名的埃索石油公司和壳牌石油公司，在非洲的得比亚由于探油未成功而扔下不少废井，便带领大队人马开往非洲，以"愿意从利润中抽出50%"的条件，租借了别人抛弃了的两块土地，很快又找出了九口自喷油井。

不会盘活资金将会寸步难行

资金问题是公司的老大难，如何克服资金短缺，合理融资都不是说做就能做到的事，这就需要盘活资金的技巧，巧借外力来发展自己。盘活资金既是最头痛的事，也是最实用的事。

资金应投向哪里

经营要诀：千万不要在最激动的时候，做出草率的决定。

经营事业一定要先了解市场和消费者的需要，如果能抓住时机，选对方向，则一定会赚大钱。

如果你是一名推销员出身的创业者，你心目中必定以顾客为先，所以重视商品化的问题。可惜由于自己不是技术人员，因此你只能选择适当时机出售。不久对方忽然来个赔偿要求，结果损失了一千万元。诸如此类的事，时有发生。

但是，你若是一名技术人员出身的创业者，由于自己懂得技术的妙诀，所以拼命制造出如艺术品般的优良产品，不幸不能适合顾客的需要，甚至价格过高，没有市场，结果也卖不出去。因此，选对投资方向更显得尤为重要。

由于一个小公司所缺欠的条件太多，受的限制因此也就较大，所以得处处求人，看人的脸色行事。当你的公司拥有五十人左右的规模时，你就必须有一定的自主性，也就是自己可以选择自己产品的销售的方向。一个公司规模还小时，由于缺乏第一资本，必然缺少自主性。结果，受谁的帮助大也就对谁的依附性最大。这完全是由于自己缺乏资金，因此也无力决定将自己的资金投向哪里。

等你的公司发展到百人左右的规模时，你也逐渐建立起了自主的投资环境，开始开发生产自主性的产品，于是该公司也就进入了自主性的阶段了。

由此可知，投资方向对于拥有百人左右的公司才是重要的事。若非如此，也就谈不上什么公司发展成长的问题。当一个公司逐渐成长的时候，它的决定力也很强。所谓决定力也即他们生产自己想要生产的东西，把资金投入自己愿意投入的领域。总之，资金投向的主权完全掌握在自己的手里，这才是真正的自主性。

社会所需要的东西，一般人对它的寄望极高。若能生产其他工厂所无法模仿的东西，则一定会有大利润，这叫做创始利润。若能生产创始利润，这便叫做开发力。在竞争中被淘汰的东西都不是很好的东西，能很快被人模仿制造，其创始利润都无法维持太久。例如女性所用的化妆品，虽然是某工厂首先制造的，但很多公司很快也就能生产类似的产品，结果把该厂压倒了。凡是能够很快被人模仿制造的货品，一定要赶快推出才好。一旦销售上市以后，就等于占住市场，那么，即便后来的制造商能够推出类似产品，但若自己的市场稳固，那也没什么可顾虑的了。

日本新力公司的电器产品是以富有独创性驰名于世，也就是有个性的独创性货品。在美国有一个词 indifferent，也就是有个性的人，凡是这种人在社会上，也照样会受到很高的评价。

在开发产品方面，与众不同才是产品的生命，然而，这种特征一般很难找到。一般而言，所有产品都是经过某种程度的改良而已。

关于开发产品的问题，有一点必须注意，即对经营者来说，凡所投资生产的产品一定要与自己的工厂条件相配合，否则会浪费过多的金钱，而又一无所获。

根据调查，中小公司从产生生产新产品的念头，一直到产品上市为止，大体都经过一年半载，其商品寿命都是极短的。大众化的产品的情形也是如此。女性用品的附属品等大约两星期，玩具的寿命也大约只有四十多天而已。寿命较长的商品也不过两年左右。目前我们所接触的产品里，百分之八十以上是十年前就已绝迹了的。若跟以前相比商品寿命短得惊人。由于商品寿命在缩短，相关的公司寿命也同时在减短，甚至有的公司会跟其商品同时消灭。

由此可知，一个经营者必须常常测量产品的寿命，同时也必须慎重选择其投资方向。

有些公司获得成功，并不完全靠大量的资金做后盾。他们由于资金缺乏，所以才想尽办法苦思赚钱的方法。他们慎重地选择资金投向，尽量生产顾客爱好的产品，来达到谋取利润的目的。

中小公司的生存之道，在于以制造大公司绝对无法模仿的货品为主。日本的资生堂就是以制造女用口红驰名的公司，口红是他们的主力商品，每年营业额高达 28 亿元。它是一家成长极为迅速的公司，该公司的技术优秀，亦是同业界里的顶尖的制造商。该公司的产品是其他大公司所制造不出来的，由此可知，中小公司的投资必须以大公司所无法侵入的潜在市场为目标。

决定将你创业的资金投入哪个项目，哪种商品，是一种投资决策。总的原则为，我们在选择投资项目时应考虑这项投资是否有助于实现公司现在的目标和战略，是否能够得到足够的回报。我们应将资金投向那些符合我们经营战略，且投资收益超过资本成本的投资项目。

站稳脚跟干点别的

经营要诀：稳固防守是最重要的决策。

公司一旦在原主导产业站稳了脚，有了主导地位，在不影响原业务占有率及发展需要的前提下，就可以适当多投资，实施多角化战略。

"多角化经营"是公司多方位、多元化、多维化、多样化开拓市场、占领市场的一种经营战略。运用这种经营战略，可以提高公司适应市场需要的应变能力、创新能力和竞争能力，从而提高和扩大公司的经济效益。

多角化经营战略，并不仅仅指"品种经营的多样化"，而是就公司的总体经营目标和经营方向而讲的，是指公司在经营目标和经营方向上不是搞"单打一"，而是向多方面、广范围、多样化发展。

经营目标和经营方向的"多样化"与"单一化"，是多角化经营战略的内在矛盾构成因素。因为"多"总是与"少"相互联系而存在的。

没有少就无所谓多。多来自少的积累，少是多的起点和基础。公司如果没有发展初期的"单一化"优势，也就不可能发展"多样化"。同样，"少"也不能离开"多"而长期存在。"少"如果不发展，停止在一个水平和范围内，最终也会变成"无"。公司如果在经营目标和经营方向上死守"单一化"，不能随着市场竞争的变化，不断地改变自己的经营策略，最终也会失掉基础。可见，经营单一化和多样化是相互联系、相互制约、互为条件的。

老板在实施多角化经营战略时，必须正确处理经营目标和经营方向上的"单一化"与"多样化"的矛盾关系。在商品经营竞争中，老板要克服单一化的经营模式，树立合成观念、整体观念，注意建立起一个彼此照应、互相配合、左右逢源的战略经营整体。我们强调多样化经营战略的重要性，但并不否定单一化经营战略的存在。有些小公司，一来人力、物力、财力不足，二来船小好调头，可以采用"单一化"经营战略，利用传统优势，发展传统工艺，利用自己的过硬技术赢得市场。但对有的公司讲，应更多地向多角化经营发展。这是因为，采取多角化经营，可以实现风险分散，盈亏互补。公司追求经营目标上多样化，可以应付各种复杂的市场变化。"东方不亮西方亮，黑了南方有北方"，公司回旋余地大，选择方向就广，应变能力就强，经营安全系数就会显著增大。公司经营的多角化，内涵十分广泛，它不仅包括经营项目的多样化，还包括服务的多样化、销售的多样化、管理的多样化。因此，在公司竞争日趋激烈的今天，多角化经营已成为公司寻求竞争制胜的新路，更能适应和满足社会的多层次、多范围、多样化的需求。实施"多角化"经营战略的成功例子很多。例如：云南孟海茶厂在竞争激烈、市场疲软的情况下，改变过去经营上的"单一化"，采取了"多角化"经营战略。他们除了继续发展传统技术之外，又适应不同地区、不同档次消费者的需求，拓宽了经营项目，发展了多样化服务。目前，他们的产品已畅销欧、美、亚、非部分国家和地区，经济效益不断提高。

多角化经营战略从整体上讲，也是一个战略网络开放系统，有着内在的广延性和多维性。其表现形式：一是纵向多元化发展，也可称垂直多角化或一条龙经营；其二是横向多元化发展，又可称水平多元化发展；其三是斜向多元化发展；其四是复杂多元化发展。公司在实施多角化经营战略时，应根据自己的内外环境和条件，采取不同的类型。比如：机械公司在发展自己的龙头技术时，可利用自己的边角余料发展某些轻工技术，并且辅助于多样化的服务，以提高自己的竞争能力。

多元化发展不是盲目发展。公司经营目标和经营方向上的"单"与"多"既是相对的，也是有条件的。公司如果有能力和条件继续发展，这时公司原来的经营相对说就"单"，可以利用条件向"多"转化。公司如果没有能力和条件再发展，即使现有经营较"单"，也已具备了"多"的属性。可见，多角化并不是无限度地多，无原则地多。公司盲目地发展，只求多而不求精，只能削弱公司的竞争地位。

我们强调公司的多角化经营，是从经营的总体战略意义上讲的。在具体经营过程中，"多角化"并不是半斤八两，秋色平分。比如在经营项目的选择上，总是存在主与次的矛盾关系。公司只有抓住主要矛盾，以主带次，以次辅主，左右兼顾，综合发展，方能显示其威力。现在，许多公司搞"一业为主，多种经营"，就很有成绩。这正是辩证运用"多角化"经营战略的结果。

切忌贪快，赚钱获利如同"滚雪球"

一口吃不了胖子，一步走不了千米。这就需要分步骤地做好每一件事，一点一点赚取利益。而许多人的失败正在于恨不得一夜造个金屋，结果天亮之后却大失所望。没有扎实的基础，是做不成踏实的事情的。这就叫"稳中求胜"。

船小好调头

经营要诀：换个角度走一走，也挺不错。

由于小型公司的规模较小这一特点所决定，所以小型公司的发展战略有别于大中型公司的发展战略。小型公司在选择自己的发展战略时，必须从公司内部和外部环境的具体条件出发，采用能够发挥优势、避免弱点的战略，以求得生存与发展。

条条大路通罗马，小型公司发展战略也是多种多样的。

（1）独立经营发展战略

独立经营发展战略是指公司在生产经营与发展中，不依附于其他公司，不受其他公司经营活动的制约，主要是从公司自身条件出发，独立自主地选择产品、服务项目和目标市场，以满足市场的需要。采用独立经营发展战略的特点是强调自主经营，有利于发挥公司内部员工的创造性和主动性，充分利用公司的内部资源，发挥自己的专长。

独立经营发展战略是从自我出发的，对于一般的小型公司来说，具有一定的风险。首先，是可能在市场上遇到大型公司强大的竞争压力。其次，是可能遇到市场波动的影响。第三，是可能受到小型公司自身发展潜力的限制。

因此，只有那些在设备、技术、人力、经营管理经验、产品或服务项目、市场等方面确实具有优势的小型公司，才能够较好地运用独立经营发展战略，真正实现自主经营、独立发展。

（2）依附合作发展战略

依附合作发展战略是指小型公司将自己的生产经营和发展与某一个大型公司联系起来，为大型公司提供配套服务，成为大型公司整个生产经营体系中的一个专业化的组成部分，依附于大型公司进行专业化分工与协作基础上的经营与发展。在一定的意义上，依附合作发展战略的实质是积极参与生产经营的社会化分工与协作，是现代市场经济发展的客观需要。但采用依附合作发展战略的小型公司必须妥善处理好依附性与相对独立性的关系，通过依附合作来借船下海，逐步提高自己独立自主经营的能力。这样，既不失去自主经营与发展的主动权，又可以不断增强自身的实力，以求在将来凭借新的实力地位建立新的协作关系，直至实现完全的独立。在现实经济生活中，许多公司都是靠为其他公司当配角而起家的。

（3）拾遗补阙发展战略

拾遗补阙发展战略是指小型公司避开大型公司竞争的锋芒，不在市场上就同类产品与大型公司展开直接的正面竞争，而是选择大型公司所不愿意涉足的边缘市场或市场结合部，在大型公司竞争的夹缝中求生存、求发展。消费者对产品与服务的需求是多种多样的，市场也是丰富多彩的，在大型公司的激烈竞争中，难免有一些经营业务领域的市场规模较小，大型公司的主导业务发展方向的程度较低，难以实现大型公司所追求的经济规模经营。这就为小型公司发挥拾遗补阙的作用提供了宝贵的市场机会。

市场的开发、产品的开发是没有止境的，拾遗补阙不见得就是小打小闹。随着市场需求和公司生产技术的发展，新的市场机遇将不断出现。这就为小型公司采取拾遗补阙的发展战略提供了几乎无限的可能性。拾遗补阙开发出来的产品往往是新产品，而这些新产品说不定就能开辟一个新的市场领域，激发新的市场需求，发展成为一个新的市场、新的产业。

因此，采用拾遗补阙发展战略的小型公司必须对市场机会特别敏感，善于在小产品上做大文章，抓住一切机会使公司能够发展起来。著名老板鲁冠球在一开始的时候，不过是经营一家小型的乡镇公司为汽车行业配套生产万向节，而现在他的工厂已经成为国内屈指可数的大型汽车配件厂，其生产的产品已经行销到全国各地，并打入了美国等发达国家的汽车配件市场。

（4）联合竞争发展战略

就一般而言，小型公司受到自身资源与能力的制约，无法与大型公司开展正常的市场竞争。虽然小型公司可以采取各种不同的发展战略，以避免与大型公司直接竞争，但市场竞争的普遍性，要完全回避这种竞争几乎是不可能的。小型公司要想在激烈的市场竞争中站稳脚跟，除了努力提高自身的竞争能力和抗御风险的能力之外，还可以通过联合的方式，有效地克服单个小型公司在市场竞争中的天然的弱点与不足，以联合所形成的力量来与大型公司在市场竞争中抗衡。小型公司的联合竞争发展战略，是指若干家小型公司根据市场的需要与各自公司的具体情况，以一定的方式组织起来，形成或是松散或是紧密的协作联合体，以求发挥不同公司的优势，弥补单个小型公司资源不足的劣势，改变小型公司在市场竞争中的不利地位。联合竞争发展战略有利于小型公司突破自身发展条件的限制，改善小型公司的发展条件，而且还可以促进社会资源的优化配置。

从公司各自的需要和共同利益出发，小型公司实施联合竞争发展战略可以采用不同的形式。因此，为了协调和规范不同公司的利益与经营活动，形成以共同利益和目标为基础的实质性的联合，在实施联合竞争发展战略时，一方面必须兼顾各个公司的利益，真正做到公正、平等、自主；另一方面必然需要借助于一定的公司联合组织形式作为共同发展的组织保证。

（5）灵活经营发展战略

小型公司的一个突出的优点，是其经营与发展的灵活性。但是，有意识地选择灵活经营发展战略，仍然是摆在小型公司管理者面前的一项重要任务。小型公司的灵活经营发展战略是指公司从自身条件与客观可能出发，根据各种因素的变化，及时调整经营目标与方向，以实现公司效益的最大化。

小型公司采用灵活经营发展战略时需要考虑的第一个因素是公司的自身条件，即公司的内部资源。将公司的发展战略与发展目标建立在公司可资利用与开发的资源的基础之上，无疑是一个明智的选择。以公司的资源作为发展战略的出发点，可以依靠公司的资源优势来形成公司的产品优势与市场优势，争取在市场竞争中居于领先的地位。

小型公司在战略发展中利用资源优势可以表现在不同的方面。首先，是以公司拥有的人力资源或特殊人才资源为基础，选择公司的战略发展方向。

其次，是以公司所在地拥有的特殊的原材料资源为基础，确定公司的战略发展方向。

第三，是以公司所在地拥有的人文或自然景观资源为基础，确定公司的发展方向。

第四，是以公司所在地的市场条件为基础，确定公司的战略发展方向。

小型公司采用灵活经营发展战略时需要考虑的第二个因素是客观环境因素，包括社会经济发展趋势、产业结构的变化、国家政策导向等。

小型公司在选择加入某一行业时，需要全面考虑自身的条件和行业的特点，慎重进行决策。首先，要判明哪些行业正处于上升期，哪些行业已进入衰退期。小型公司必须在发展较快的行业中切实把握自己的位置，找到适合自己发展的业务经营领域。其次，要善于利用和依托本地区具有发展优势与潜力的产业部门和公司，借助其在技术开发、产品开发和市场开发等方面的有利条件，为我所用地促进公司的发展。第三，在进入新兴产业时要善于抓住市场机遇，力争不断位于本产业发展的前沿，保持产品开发和市场推广方面的优势。最后，小型公司需要密切注意国有产业政策的调整与变化，借助于国家的产业政策来加强自己的战略优势。国家的产业政策往往能够为某些行业中公司的生产经营发展提供一定的有利条件，如税赋的减免、资金信贷方面的优先与优惠、对外经济技术合作方面的鼓励措施等。如果小型公司能够充分利用这些国家政策方面的有利条件，就可以获得更为优越的条件。

小心别掉进陷阱里

经营要诀：自己走进陷阱最可悲。

规模扩大对于私营公司的发展来说具有重要的意义，小本经营者要获得长期稳定的发展，规模扩大可以说是一个非常重要的方向。但是，并不是说小本经营者可以随便通过扩大规模来求得发展。小本经营者要扩大规模，必须进行缜密的调查分析以及从自身发展战略的角度来进行扩大规模的实际运作，以尽量回避小本经营者在扩大规模过程中可能出现的风险以及各种陷阱，从而使小本经营者通过规模扩大真正得到继续发展。

通常情况下，进行扩大规模的小本经营者可能会遇到以下"误区"，小本经营者在规模扩大过程中应该引起重视，注意规避。

（1）资源配置过于分散

任何一个小本经营者，其拥有的资源总是有限的。多元化发展必定导致小本经营者将有限的资源分散于多个发展的产业领域，从而使每个意欲发展的领域都难以得到充足的资源支持，有时甚至无法维持在某一领域中的最低投资规模要求和最低竞争维持要求，结果在与相应的一元化经营的竞争对手的竞争中失去优势。如果这样的话，多元化战略不仅没有能规避风险，做到"东方不亮西方亮"，而且很可能导致"东方西方全不亮"，加大小本经营者失败的风险。因此资源配置过于分散这一陷阱是小本经营者在规模扩大时必须注意规避的。

（2）运作费用过大

小规模经营者生产经营的规模扩大，由一元经营转向多元经营，涉及众多陌生的产业领域，必将使小规模经营者的多元化经营运作费用上升。这表现在：

其一，多元化发展的学习费用较高。即小规模经营者从一个熟悉的经营领域到另一个陌生的领域发展，重新成立一个个体至个体产生出效益，需要一个学习的过程。在这个过程中由不熟悉导致的低效率，必将使小规模经营者遭受损失，付出较高的"学习"费用。学费付出甚至会使小规模经营者无效益。

其二，多元化发展使顾客认识小规模经营者新领域的成本加大，即当小规模经营者新的领域有了产品时需要消费者认知，虽然此时可借用原有领域的品牌，进行品牌延伸，但要在新领域中改变消费者原来的认知态度，不下点大投入是不行的，这反过来又使已分散的资源难以应付。

（3）领域选择误导

采用多元化战略，进行规模扩大的小规模经营者，往往是受到该领域预期投资收益率的"吸收"。预期投资收益率是新进入领域选择时应考虑的一个因素，但不是唯一的因素。关键是要看其产业本身的前景，以及这一领域会不会对原有的领域产生误导。

（4）人才难以支持新领域

公司竞争归根结底是人才的竞争，公司成功归根结底是依赖于优秀的人才。然而，每个人才都只有自己的专长，专业对口是人才发挥效用的基础。故公司在进行多元化规模扩大时，必须有多元化领域的相应经营管理和技术等全面专业人才的支持，多元化规模扩大才能成功，反之则可能受阻。从理论上说，社会是存在公司多元化所需人才的，问题是这些人才原先已在他人公司中，引进人才固然可以，但费用也不菲。

（5）时机选择把握不当

公司从单一领域进入多元领域有一个时机把握的问题。只有当自己的单一领域地位非常稳固，已具备良好核心专长，并有剩余资源寻求更大投资收益时才应予以考虑。然而现实中的公司，往往在公司原来产业留有潜力充分发展、市场也可进一步拓展时，为其他领域的高预期收益所吸引，于是便抽出资金投入新产业。结果势必削弱原产业的发展势头，而原产业可能恰恰是公司最具竞争优势的领域。因此，此时的跨产业规模扩大可能是新的产业未发展好，原有的产业领域又被竞争对手抢了先，结果是得不偿失。这种情况也是公司在规模扩大时应该注意规避的。

公司的规模扩大必须选准时机。对于小规模经营者来说也是如此。

不必求全，搞活一块算一块

全线出击常因实力不够而崩溃，这是许多企业家常犯的错误，因为想全面开花，结果哪儿都开不好花。从一个点突破，以点带面，是必要的，尤其在创业初期更应如此。

切除没用的"肥肉"

经营要诀：多余的东西是累赘。

公司是活的，像人的成长过程一样，公司难免在什么时候短期陷于困境，对此，关键的医治方法，是对症下药，先活一块算一块。

我们知道果农为了来年的收成，总要砍掉一部分果树的枝丫，保证果树的营养能够充分用在果实上。对于一个陷入困境的公司来讲，最简单有效的挽救办法，当然是缩减机构和砍掉与公司的主要业务不相关的分公司。许多公司之所以陷入困境，就是和它们的无限制的扩张有关，我们在上一章说得很清楚，公司业务的扩张决不能单纯追求规模而忽视质量，否则，大公司病马上就会传染给你的公司。

私营公司成功的二十二条天规

兴业公司是中国的知名公司,建立于 1985 年。这家公司的主要业务是大型工程。一个世纪以来,这家公司在境内修建了几座公路和铁路大桥,这些桥梁以其造型优美和施工难度大而著称。以后,兴业公司又参与亚洲的许多大型桥梁工程和其他公共建筑,它建起的火车站和饭店成为许多城市的标志,兴业公司成为建筑业参观的典范。

但是,就是这样的公司,在 20 世纪 90 年代却遭到了困境,差一点陷入了破产的边缘。

90 年代,兴业公司制造了房屋的钢筋结构、食品、饮料、药品的加工设备、修路和建筑的机构,这时它基本上还没有脱离自己的本行,即使是多角经营,也大多是在自己熟悉的领域。

后来,兴业公司跨越自己的领地,进入到炼油和化工产品,设计工艺和工厂,由于兴业公司准确地预测到世界工业中心的变化,这些投资给公司带来了丰厚的利润,这个结果似乎证明了这种扩张是正确的。

之后,兴业公司进入了无限的扩张阶段,它失去了对扩张领域的控制,似乎对一切都感兴趣,好像只要拿出钱来就能赚到钱,不久,处罚就降临公司头上。这家公司从造桥开始,现在拥有了一家珠宝公司,一家建筑设备制造厂和一家机床设备制造厂,结果是背了一屁股的债务。1996 年著名的《福布斯》杂志发表了一篇文章,题目是"买到你破产为止"。文章估计兴业公司的债务已经达到了将近 6 亿美元,是其资产的两倍。单是一年的亏损就达到一亿多美元,股票的价格也节节下降,从 24 美元跌到 8 美元。兴业公司看样子支撑不到一年了,多家报纸这样猜测。

王勇就是在这样的情况下走马上任的,"我不是一个所谓的起死回生专家，"王勇回忆说："不过我们当时确实面临危机。"他没有让公司的股东失望，他很快就变成了一个卓有成效的公司败局的扭转者。

王勇用的是什么手法使兴业公司改变困境呢？

"在我接管公司后，着手改组的最初几年里，我没有参加任何外部的活动，我没有参加任何委员会。我不是在家里，就是在公司里。"王勇回忆说："我几乎没有在战略问题上花费时间，因为那是一个生死攸关的时候。重要的是包扎伤口活下去。还债、改善收支状况，获得现金，这就是我的全部工作。"

王勇面临的最棘手的问题是公司的账户上几乎没有可支配的现金，而公司的几项债务都要到期了，如果公司不愿意被法院接管，就要解决现金和到期债务问题。王勇采取了砍果树枝丫的办法。他卖掉了三个与公司的核心业务没有大的关系的公司，以出售公司的钱来解决公司的燃眉之急。两年以后，兴业公司的单位从 51 个减少到 21 个，五大部类减少到三个，即工业产品、工程服务和建筑产品与服务。公司资产迅速减少，1989 年为 14 亿美元，而 1991 年为将近 9 亿美元。

公司的资产减少了，但是兴业公司更加精干了，公司可以把一切力量投入自己的熟悉领域。公司的财务状况也开始好转。1987 年兴业公司收入达到 20 亿美元，纯利润达到 6200 万美元，股票价格也上升到 125 美元，看来兴业公司已经度过了危机。

现在，当你问到王勇他经营的经验时，他有可能告诉你："我没有别的特长，我只能告诉手下，要么立即改善工作，要么就把公司清算卖出去，我们果真这样出售了一些公司，结果我们的日子好过多了。"

结合兴业公司扭转败局的经过，给我们这样的启示：在由于公司的过度扩张造成失败的情况下，果断地砍掉某些不盈利的公司，卖掉与主要业务不相干的公司，可能是最佳的挽救公司的方式。这样做至少有两个好处，第一可以通过出售公司解决公司周转资金的不足。第二，卖掉不盈利的公司，本身可以节约公司的经费和资金，集中力量在公司的核心领域，同时还可以甩掉包袱。这是一举两得的事情。

看问题一定要有合理的角度

经营要诀：不要在一点上费尽心计。

换个角度，就能做出良好的决策。

问题不在于决策的形式，关键是如何能作出正确的决策，三个臭皮匠顶一个诸葛亮的极端例子在当代公司的决策中越来越少了。一般来说，公司的决策方式有继承性，在那些由公司创始人单枪匹马建立的公司，总经理因为与生俱来的权威，使这种公司的决策更依赖于个人，尽管如此，这种依靠个人决策成功的例子也是屡见不鲜。除了这种决策的组织系统外，还有一个更重要的决策出发点，那就是公司决策的依据是什么，前面指的是决策的组织支撑，这里指的是决策所依赖的信息及对信息的判断的过程。

在有的公司，决策依赖公司的一大批工程师和销售人员，依靠他们对市场调查所得出的结论进行评估，然后制定公司发展战略。在一定的时期内，这是一个行之有效的方式，但经济界出现的新情况表明，这种方式已经过时了。现在最流行的是直接面向顾客的决策，顾客需要什么，我们就提供什么，这是零售商人的法则，而现在是顾客需要什么，我们的公司就向什么方向发展，这变成了公司老板的新座右铭。

阿姆科公司是制造钢卷板的专业厂家，由于美国钢铁工业在60年代到70年代的繁荣，阿姆科公司因为它的核心技术在世界上的先进，大赚其钱。但科技发展实在是太快了，阿姆科公司对此显然没有足够的准备，转眼之间，钢铁工业由一个赚钱的产业变成了所谓的夕阳产业。在1982年到1984年的经济危机中，阿姆科公司面临十分困难的局面，阿姆科公司无法和日本的公司竞争，即使在国内也因股票价格的下降，声誉受到很大影响，况且韩国和东南亚的一些新兴国家钢铁工业也蓬勃发展，阿姆科公司似乎已经走到了尽头。

1992年，威尔到了阿姆科公司，他在担任公司经营老板两年以后，被任命为这家公司的总经理。在他的领导下，公司逐渐走出了低谷，开始盈利，威而在美国公司界也逐渐名声远扬。

威尔靠什么使阿姆科公司摆脱困境呢？用他的话来说就是："我必须使公司里的每一个人，不分男女老少都出来战斗。"他每天都要找公司的高层管理人员谈心，动员他们为公司的未来，也是为了自己的未来而奋斗，他经常深入到车间，向公司的成员讲述对公司的看法。威尔确实激发了公司成员的斗志，但仅仅这样是不够的。

重要的是威尔改变了公司的决策方式，因此能够面对市场经营，这成为公司重新走向成功的诀窍。

面向市场经营是零售业商人的信念，阿姆科公司是以钢铁工业为主的公司，也面向市场经营就有点异想天开。阿姆科生产的决策层，大多都是工程师，他们直接在生产经营的第一线，知道什么样的技术是最好的，以及如何开发更好的技术，以生产出更多的产品。现在老板要求所有的雇员，包括做技术工作的工程师也面向顾客，根据顾客的需要来制造产品，这在阿姆科公司是前所未有的，因此大家对这种提法都抱怀疑态度。

可是威尔告诉大家："你非想到顾客不可。这是生死攸关的问题。这看来很简单，对不对？说我们从今以后要专心面向顾客，这是很简单的事，但贯彻起来却真难。"

"你必须有一套系统像电子一样同顾客依附在一起，使你了解顾客的要求。"威尔解释说："但是光这个还不行，因为还要设身处地为人想着。你需要雇员面向顾客，问问自己'我怎样才能使阿姆科公司为顾客服务得更好'试想每一个人都这样说，那将是多么大的成功！整个文化都会改过来了。"

威尔在要求别人这样做的同时，自己也以身作则，做改革的榜样。他每天都用四分之一的时间和顾客接触，了解他们的需要，并在实践中形成一套和顾客接触的方法，向公司推广。他提出要派人去客户的工厂，一起讨论、解决制造过程或其他方面出现的问题，有时建议客户到阿姆科公司来。就这样，公司与客户的联系逐渐紧密起来，阿姆科公司能够直接听到客户对其产品的意见，保证了最新的、最贴近顾客的信息能够迅速反馈到公司，公司的决策层就能够有的放矢。这种直接面向市场的办法，使公司终于摆脱了困境，并创造了崭新的公司文化。

直接面向顾客，不是阿姆科公司的发明，但公司界确实有越来越多的决策采用这种方式，在这里，那种依靠专家一人在办公室里，苦思冥想来决定公司前途的做法遭到了抛弃。这种方式的成功还反映在高科技领域，如代尔公司。

"我们现在是，并将永远是一家与客户保持直接联系的个人电脑制造商。"这是代尔公司的信条，也是代尔公司成功的关键。

代尔是美国最年轻的亿万富翁之一，在创建公司的头几年里，代尔公司的增长达到每年翻几番，这真是不可想象的惊人速度。代尔说："我们不同于这个行业的其他公司，其他公司一般是以工程技术为指导原则，认为'技术可以解决一切问题'。而我们的公司则建立在顾客至上的原则基础上。当我们用这种方法创建公司之初，它在许多方面显得落后。从顾客的投入出发在当时还是一个鲜为人知的概念。不过公司正是借助于此发展起来，并将在今后继续如此。"

代尔公司是代尔依靠1000美元的储蓄建立起来的，开始的时候仅仅是个人的孤军奋战，现在早已经是今非昔比，1994年公司的销售额达到35亿美元，公司收入达到了1亿五千万。公司的股票也上涨了7倍多。

与那些依靠个人经验决策的公司相比，这种决策方式确实有它的优势。第一，这种顾客与厂家面对面的反馈机制，使公司的决策更加灵活，没有统一格式的顾客，在越来越个性化的世界里，公司只有直接面对不同的人群，才能找到自己的正确定位从而为正确的对策打下基础。第二，直接面对顾客的决策是对公司官僚化的冲击，公司越来越大，结构越来越复杂，公司衙门化的结果是对市场失去了反映，这样的公司除了垮台，还会有其他出路吗！

不懂管理，公司内部就会混乱

管理是公司的灵魂，决定公司的生死线。良好的管理会使公司内部运转自如，糟糕的管理则能把公司弄得伤痕累累。

应当掌握的 10 种激励方法

经营要诀：方法都是有大用的。

死板的激励，不会使职工产生新意，于是，员工干脆变得不痛不痒了，所以，我们还要变着花样地激励员工，调动他们的积极性。

激励方法是指激发人正确的动机，产生积极性和创造性，消除人的不合理动机，减少不正确行为，防止不良后果产生的方法。激励的方法较多，主要有：支持激励、关怀激励、公正激励、榜样激励、目标激励、数据激励、进取心激励、正强化激励、老板行为激励、集体荣誉激励、工作扩大化和工作丰富化激励等。老板激励职工的方法和技巧有：

（1）支持激励。即用支持职工工作的方法来激发他们努力工作的热情。一个优秀的老板应善于把老板指示变为老板支持，以调动下级的积极性。"我指示你这样去做"和"我支持你这样去做"，这两句话产生的效果是不同的。一个高明的老板之所以高明，并不在于他个人的主意如何高人一等，而在于善于启发群众出主意想办法，能集中起群众的智慧，支持群众的创造性建议，把群众中蕴藏的潜力挖掘出来。一个人的能力是否能得到充分的发挥，也不在于他是否善于体会老板的意图，听从老板的指挥，而在于他是否能够独立思考，有所创造。所以，企业家的工作，主要不是表现于对被老板作指示、下命令，对下级的工作简单地表示肯定或否定，而是表现于向下级提出问题，提出要求，让下级开动"机器"，并支持与鼓励下级提出建议，这更能激发职工的积极性与主动性。老板在运用支持激励方法时，最主要的要把握以下两点：

①尊重下级。美国最成功的62家公司管理经验表明，要管好公司，就要善于运用全体人员的力量。他们认为最重要的信条是"我们尊重每一个员工"，"视员工如伙伴，待之以礼，处之以尊重。"

②信任下级。放手让下级大胆工作，并创造一定条件使下级胜任工作；当工作遇到困难时，应主动支持下级，为下级排难解忧，增加下级的信心；当工作中一旦出现差错时，老板应勇于承担责任，不推诿或一味批评下级。

（2）关怀激励。是指老板关心职工，努力帮助他们解决困难，解除纷扰，使职工深刻感受到公司和集体的温暖，从而激发起高度的责任感和工作主动性。公司中有的职工之所以工作积极性不高，常常是因为个人碰到了不顺心之事，对此老板就不应采取漠然的态度。掌握职工的情绪是关怀激励的前提条件，其途径是多方面的，比较行之有效的有：

①察言观色。上班看脸色，吃饭看胃口，生产看劲头，开会听发言，

平时听反映。

②谈心家访。情绪低落时必谈，与人发生纠纷时必谈，受到批评必谈，遇到困难必谈，工作调动必谈，逢年过节必谈；生病住院必访，发生家庭纠纷必访，婚丧嫁娶必访，遇到天灾人祸必访。

③倾听反映。深入到职工中去，从中了解情况。

④民意测验。通过不记名的民意测验，了解情况，预测动态。

⑤座谈讨论。召开多种座谈会，从群众的发言中了解情况。

⑥数据分析。如从多项指标的完成数字来了解职工的情绪。

⑦记录收集。检查多种记录，从中发现问题。

（3）公正激励。是指公司的管理人员对职工公平，且是非分明。老板在处理某些问题时，如不公平，是非不分，就不会得到职工的信赖。特别是青年人，对这一问题尤为敏感，随时会影响到他们的积极性。这就要求老板坚持群众路线，与群众打成一片，经常细心听取群众意见，在处理晋升、调资等问题上，尽可能做到公平无私，否则将产生消极作用，影响职工积极性的发挥。

（4）榜样激励。是指通过广泛宣传榜样的有关事迹，使职工学有方向，赶有目标，鼓舞其产生工作积极性。榜样激励具有生动性和鲜明性的特点，容易引起人们感情上的共鸣，说服力强，号召力大。老板在运用榜样激励这一方法时，要注意做到善于发现榜样，积极主动地培养榜样，及时宣传榜样，认真组织群众学习榜样；还要注意榜样要来自群众，要有广泛的群众基础。同时，榜样的事迹和经验要实事求是，为群众所公认，要经得起检查和考验。榜样的力量是无穷的，榜样是一面旗帜。榜样激励应该成为老板经常运用的激励手段。

（5）目标激励。就是老板根据国家计划和市场情况的要求，再结合公司生产的可能性，制定公司近期和远期的总的奋斗目标，各部门科室则根据公司总的目标，订立部门的目标，单位职工再根据所属部门、单位的目标定立个人的目标，实行目标管理。实行目标管理的好处，首先在于能使职工看到自己的价值和责任，一旦达到目标便会获得一种满足感。其次是有利于上下左右之间意见的沟通，减少达到目标的阻力。再次是能使职工个人利益与整个公司的目标得到统一。实现目标激励，可分三个阶段：第一设定目标。整个公司设定总目标，下属部门根据公司总目标制定个人目标，从而形成一个目标锁链。第二完成目标。鼓励职工发挥各自的积极性，努力完成自己所制定的个人目标，进而完成公司的总目标。第三评定目标。发动职工对达到的结果进行测定、评价，激发与奖励人们为完成更高的目标而奋斗。

总之，目标激励能激发职工为实现公司的总目标而共同努力，从而使达到目标的措施有可靠的群众基础。

（6）数据激励。就是将公司职工的产量、质量、降低消耗等成绩以及在技术革新、发明创造方面的贡献大小，用数据来表示。通过直观的数据表示，可激励职工为公司多作贡献。其具体形式为：

①逐月公布职工的各项生产活动指标和科研成果；

②建立和公布职工政治、技术、文化考核统计资料；

③光荣册（光荣榜），记录职工评选先进的情况；

④建立青工考核卡，每月进行一次评定，作为评选先进和奖励、转正升级的主要依据；

⑤公布各种技术比赛和其他竞赛的名次。

（7）进取心激励。指创造条件、机会、满足职工努力向上的进取心的一种激励。职工随着思想觉悟的提高，劳动竞赛的开展，生产的发展，科学技术水平的不断创新，均有一股强烈的进取心，要求不断地学习新的知识和技术。因此，老板就要努力创造条件，适时给予职工在职学习的机会，如自办中专、大学等。目前，日本的一些大型公司均自办大学，如松下电器工学院、丰田工业大学等。这种自办大学培养的人才，可弥补正规大学毕业生实际经验不足之弱点。进入八十年代，日本对职工培训已从过去一般的技术和专业训练，发展到综合技术训练，需要职工开发四方面的能力：提高劳动生产率的能力；提高产品质量的能力；开发新产品能力和扩大市场销售的能力。现在日本对职工培训又提出了新的目标，即加强"国际化"的培训，要职工掌握外语和处理国际经济事务的能力。日本公司这样做，既满足了职工进取心的要求，又适应了公司现代化发展的要求。

（8）正强化激励。就是通过表扬与奖励，充分肯定职工的正确行为，使之巩固和发扬。老板对任何职工有进步时，就应鼓励；做出成绩时，就应表扬；有所贡献时，就应奖励。对后进职工不应歧视，而要重视其点滴进步，促进其向先进转化。老板在进行奖励时应注意以下几点：

①奖励结构。不能单纯采用物质奖励而忽视精神奖励，否则易在职工中产生拜金主义；

②奖励幅度。一次不能太大，要年年有所增长；

③奖励方式。新颖和变化的刺激对激励的作用较大，所以奖励方式要不断创新。

（9）老板行为激励。是指一个优秀的老板，通过他的示范行为和良好的素养，以激励职工的积极性和创造性，给职工群众带来信心和力量。老板行为的激励主要表现在以下两方面：

①通过老板自身的模范作用，去感染群众，教育职工，鼓舞广大职工。这是无声的，却是最有力的激励因素。

②通过老板的素养，去激励群众。老板的素质，一般包括：品质高尚，以身作则，为人表率；有事业心、责任心和进取心；有一定的知识素养；有组织指挥才能；有良好的思想作风、工作作风和生活作风等。

（10）集体荣誉激励。即有目的地运用授予集体荣誉的办法，培养职工的集体意识，激发他们认识到自己的行为与集体的关系，自觉为维护和争取共同事业的成就而努力工作。一般地说，人们都有集体荣誉感和责任感，只要激励得法，就会收到良好的效果。如我是一个先进公司的一员，我的一举一动都要维护集体的名誉；我是"信得过"班组的成员，我的产品质量就决不能马虎等，这些都是集体荣誉在起作用的结果。重视培养职工的集体荣誉感，这在日本一些颇有名气的公司就做得相当出色，松下电器公司有公司歌曲和价值规范，每天早晨八点，职工一起背诵价值规范，一起唱歌，颇像原始公社中盛行的"部落行为"。该公司的老板认为：这样做可在公司内造就一种聚合力将全公司几万职工融为一体。

根据一些公司的实践经验，这种集体荣誉感的养成，主要可从以下几方面努力：

①集体目标的确定要同集体成员的利益相统一，这样可使职工意识到集体目标的实现，都关系到个人的切身利益。

②各种管理和奖励制度，要有利于集体意识的形成。这样，可避免形成以班组、车间为单位的小集团分割，有利于整体意识的培养。

③在集体中造成一种友爱互助、互教的融洽气氛。职工之间相互依赖，有事共同商量，彼此以诚相待，争取相互之间的了解，这样有利于增进职工之间的团结，以形成一个坚强的、充满生机的集体，发挥集体的力量。

④在条件具备的情况下，制作具有本单位特色的厂服，编写厂歌，定期举行本厂成立的纪念活动等，这也有助于加强集体荣誉感。

没有约束，就会出格

经营要诀：约束是为了更好地激励；不是置人于呆板。

对不同的员工，公司要不拘一格地巧妙加以利用，对那些"刺头"，要用一种特殊的约束制度。公司人员来自社会，自然好差不一，良莠各异。要做到公司人员清一色都是能人、上进人是不现实的，因而公司中有一些懒散、平庸甚至是"刺头"职工是很平常的事情。如何看待这些公司中的"刺头"职工？有些管理者将他们视为异己和无用之人，对他们处处提防，时时限制，这种管理方法只能使他们对公司的管理产生敌意，对自己的前途灰心失望，从而增加他们对公司发展的阻滞力。一个好的老板应有善于发挥每个人工作积极性的能力，其中包括这些"不听话的刺头"职工。某公司老板在安排职工岗位时巧用"刺头"职工，收到很好的效果。他将爱挑刺的职工放在质检岗位上；安排爱发牢骚的职工收集职工的合理化建议；让平时作风懒散的职工负责车间的劳动考核，一段时间下来，人们惊讶地发现，这些平时看来只会滋事生非的"刺头"工作得一点也不比别人差，有的甚至还要好。"垃圾是放错地方的宝藏"。实践证明，只要给这些"刺头"职工以自尊和用武之地，并设法增强他们的责任感与事业心，他们是可以成为公司可用之才的。

当今公司中有这么一种比较常见的做法，某人做出了成绩成了先进人物，不是干部的，将其提升到老板岗位上，是干部的则升至更高一层，这种做法看似合理，实则弊端不少。某厂有一位技术上过硬的技术员因搞了几项革新使公司效益大增，为表彰这位为公司发展作出很大贡献的人才，公司董事会决定让其担任副厂长一职，谁知他上任后因对管理方面的知识知之甚少，工作很是被动，在专业上因杂务缠身也再无建树。一个好端端的技术人才终于流于平庸。由此可见，对先进人物的最好表彰是为其创造更好的发挥专长的条件，这样对公司和个人都是幸事。古人云："以烦人烹鱼，鱼则必淡；以学者制锦，锦则必伤。"我们的老板奖赏先进人物，切不可做烦人烹鱼、学者制锦那样的蠢事。

话得说回来，如果先进人物确有老板才能，或本来就属行政管理人才的，提拔也是正确的，但如果把先进人物统统看成是干部的合格人选，则就走极端了。

在公司经营中，不光会用"刺头"，还要懂得怎样巧妙地约束普通职工，给他们施加压力。

（1）密切的辅导：多多询问员工工作上的问题，而且表示对他的工作结果感兴趣，千万不要认为员工了解了工作就会自动把工作做得尽善尽美，找出适当的机会主动地鼓励辅导或协助他。

（2）详细地指派工作：老板对工作的结果愈是界定得详细，达到的希望愈大，因此，老板在指派工作时，多花一点时间与员工讨论或者回答问题，这样才容易找出目标。

（3）详细设定工作标准：详定工作标准能够容易达到工作目标。

（4）缩短工作完成的期限：从投入的时间来看，合理地要求员工在限期内完成某项工作，常常能够使组织获利，因此，老板要针对情况合理地减少工作所需时间。

（5）定时而直接地衡量工作绩效：员工如果经常得到反馈，工作的表现会愈来愈好。因此，老板在正式的工作评估会议上应该畅所欲言，美言不吝，净言不假，同时对员工每周或每天的工作有所建议与批评，详细指出你满意与需要改进的地方，而且继续追踪员工的表现是否已经改善。

（6）增加与部属相处的时间：运用上述的方式自然也就增加了与员工在一起的时间，随时与员工打招呼问好，询问他们目前的状况，主动征求他们的意见等，都可以表示老板对部属的关心。

适度的压力能够激发员工的潜能，那么，一位讲究绩效的公司老板应该适当运用自己予以员工的压力，才能使员工的潜力发挥得淋漓尽致。在施展压力时，应该考虑到哪些原则？

①当员工从事多年来熟悉的工作时。

②当员工担负起更多类似工作的责任时。

③当员工需要有效率地完成例行公事——如紧急反应措施——之时。

④当员工拥有比现在的工作要求更多的经验而愿意承受多方面的责任时。

⑤当员工所担负的责任固定而呈现僵化，同时需要老板注意此种情况时。

在某些情况下对员工施予压力并不是要使老板变成食人恶魔一般，而是要让员工在工作时间内多多少少感觉到老板的存在。"老板在瞧你"这种想法有时候可以让部属发奋振作一番。

天规十二 ||||||||||||||||||||||||||||||||||||||||||||||

不会用好人才的人是蠢材

人才之争至为重要，没有人才，怎么能打下一片天下？有了得心应手的人才，就敢和别人比高低。人才永远是公司中闪光的金子。

放开眼光找"金子"

经营要诀：拉开人才这张网。

公司人才的多样性、广泛性是与公司人才标准的相对性相联系的。只有懂得人才标准的相对性，才能承认人才的广泛性、多样性。衡量人才的标准是相对的，而不是绝对的。首先，人才的标准除了有一般性规定（包括德、才、学、识、能等方面）外，还有特殊的规定，各方面人才有各方面具体的特殊的衡量标准。其次，人才标准是因时、因地而异的，就是说区别是不是人才及人才的大小和高低，都是依岗位、工作不同而划分，因时间的变化而转移的，不能认为职务高的是人才，职务低的就不是人才，或从事这项工作的是人才，而从事那项工作的就不是人才。当然，我们承认人才标准的相对性，并不是否认人才的客观标准，对人才的衡量还是有其客观的和一般与特殊相统一的标准的。

总之，我们在识才、辨才、选才、用才时，一定要有一个辩证的认识。要承认各方面的人才，重视各方面的人才，因时因地选择、利用各方面的人才，充分发挥各方面人才的作用。

凡是人才都有长处和短处。如何看待人才的"长"与"短"，这是公司在选才、用才时所不能回避的问题。一切事物都是矛盾的两个方面的统一，人才也不例外。"金无足赤，人无完人"。一个人的优点和缺点，长处和短处总是相互交织、彼此伴存的。人才与一般人相比，只不过是在某一方面优点和长处比较突出罢了。即是说人才同样具有缺点和短处。之所以如此，主要是由于每个人的智力、体力、经历、知识结构、价值观念、所处环境等都有所不同，或者说各个人相互之间在这些方面存在着差异性，这就造成了某人在某一或某些方面有所特长，在其他方面没有特长，而表现为短处；在看待和处理某一或某些事物和问题时，能够妥善的和正确的去认识和处理，表现为优点，而在看待和处理另一或另一些事物和问题时，不能妥善地和正确地去认识和处理，而表现为缺点。同时，对另外的人来说，情况可能正好相反。因此，任何人才总是既有长处，又有短处；既有优点，又有缺点的。

所谓正确地、全面地看待人才，就是要对人才一分为二地去看，既要看到他的长处，也要看到他的短处。但对选才、用才来说，着重看的是人才的长处和优点。因为，所谓用才主要是指用人才的长处，发扬人才的优点。人才虽有缺点，但只要使用得当，仍然可以展其所长，成就一番事业。用人之长，就必须容人之短。再说，一个人的优缺点也不是一成不变的。缺点经过主观努力和实践可以克服，甚至转化为优点。因此，选才时应主要考虑公司工作的需要和拟用人才的长处和优点，不能因为拟用人才有短处和缺点就放弃选用，从而失掉宝贵的人才。如果在选才问题上一味追求人才的十全十美或尽善尽美，这不仅是不现实的，也是不可能实现的。

现在许多成功的公司提出，宁肯用有缺点的能人，决不用没有缺点的庸人。其实，没有缺点的庸人并不是真的没有缺点，其最大的缺点就是"庸"。所谓"庸"就是平平庸庸，没有"头脑"，没有心机，不敢创造，不求进取，不敢冒险。这种人，是根本不能成就事业的，尤其不能在公司里重用。公司生存在商品世界、竞争世界，让这种庸才操权上岗，就等于自取灭亡。而那些虽然存在着这样那样的缺点，但有头脑、善经营、敢创业、敢冒险、有才干和特长的人，才能在商品竞争的世界里冲锋陷阵，为公司求得生存和发展。对这样的人如弃而不用，岂不是太可惜了吗？

用人要合己意

经营要诀：有了能贯彻自己意图的人，等于有了另一个自己。

用人之术的突出表现是"用人适己"。

初看起来，"用人适己"似乎是狭隘的用人观念，但是公司老板坚持"用人适己"的用人观念，并不是自私自利，或以自我为中心盲目用人，而是根据公司的切身利益和特征，寻找和制定适合公司发展的用人战略，从中精选出吻合公司所需的大量人才。请注意，用人适己并不等于用人以私。所谓"私"往往是公司老板个人意愿的满足，或者说，所谓用人适己，就是使用人才时，以达成自己的心愿和利益为目的。为了理解用人适己，不妨先讨论一下用人以私的 10 大现象：

（1）明升暗降，从对手手中巧妙地夺取实权；

（2）以邻为壑，向老板转嫁困难和灾祸；

（3）各个击破，分期分批撤换对手的官职；

（4）声东击西，假意威胁某甲的官位，实则夺取某乙的官位；

（5）浑水摸鱼，乘混乱时机扩充自己的势力；

（6）以逸待劳，自己养精蓄锐，待对手疲惫不堪、元气大伤时，再整倒对手；

（7）收买人心，用不正当手段骗取大家的信任；

（8）以怨报德，借助恩人的力量发迹，然后再整倒恩人；

（9）以利诱人，用不正当手段拉拢腐蚀仇人，诱骗他为自己效劳；

（10）为所欲为，不择手段地达到自我欲望的满足。

与用人以私相反，"用人适己"则要做到：

（1）公司现在最需要什么样的人；

（2）公司将来急需哪些人力资源；

（3）现有哪些人才能够胜任公司急待解决的问题；

（4）应当怎样把某个下属安排或更换到适合其才智的工作岗位上；

（5）应当解除哪些不适合公司发展进程和策略的"多余人"。

天规十三

切忌近亲联姻，打破家族统治

　　办公司，不是办"家庭作坊"，开"家庭秘密会"，而是要打破家族式统治，让所有的员工公平竞争，因事用人，把最能干的人用到最恰当的位置上。这样，才能彻底根除传统的家庭式经营方式。

敢于跟自己叫板

　　经营要诀：治标还得治本。

　　要想从根本上解决这一问题还得从根子上来找——要彻底清除家族式管理的弊端，请看两个成功的例子。

　　处在巨鹿县境内的私营公司河北天帅集团公司，1988年诞生时是个员工不过40人，资产不过10万元的小作坊，现在发展成为员工1068人，总资产5800万元，年产方便面6万吨，销售收入1.5亿元，利税1000万元的现代化公司，规模在河北省居第二位，在全国居第6位，正在活力涌流地迈向21世纪，攀登知识经济新阶段。在"天帅"

庆祝创业成立 10 周年的时候，周边与它同时降生的几十家"私"字号兄弟公司如今十有八九夭折了。这"生"与"死"的分界线就在于是否医好"私营公司病"。天帅集团的前身是巨鹿县河北庄村的单晶体糖厂。1988 年成立时有 7 个股东；7 个股东中又有民兵连长王山堂、村支书王遂法和村委主任王敬申三大巨头，在三大巨头中厂长王山堂算是"龙头老大"，一切由王山堂说了算，荣辱系于此一人。

经过艰苦创业，不几年，资产迅速增加，利润大幅度增长，人员迅速增多。面临公司扩大的势头，为了稳定、牢靠，一是制定了一些规章制度；二是在"打仗亲兄弟，上阵父子兵"的思想指导下，让元老院与子弟兵占据重要岗位。但制度约束不了元老和子弟兵的权力和关系，结果事与愿违，公司的这种状况使几个股东无精力走出去考察市场，捕捉信息，形成封闭的内向性格。

私营"公司病"需要自觉自治，但自治不是自己亲手来治，而是投资者请专业总经理来治。因此，选择什么样的总经理至关重要。天帅集团选择总经理掌握两个标准：第一，不选择经验型的土专家；第二，不选择单科型专家，要选择具有综合能力、协调能力的专家。根据这个原则，他们从邢台市请来在综合管理部门任职多年，懂技术、会管理、具有宏观视角、精通公共关系的年富力强的李恒华出任总经理，参加董事会。把经营层的职、权、责、利落在他身上。李恒华上任后，在董事会的支持下，对公司进行了一系列创新：

体制创新——突破几个股东人治的樊篱，组建成包括 3 个子公司、2 个分公司和 4 个分厂的"河北天帅集团公司"，变成董事会决策，监事会监督，经营层执行，三权分立，互相制衡的法人治理机构。完成了从能人经济向老板集团化的转制。

制度创新——建立了一套完善的与国际接轨的规章制度。从董事长到岗位员工，人人明确了责、权、利。由随意管理转化到与市场经济、规模公司、自动化生产、国际化竞争相适应的现代化管理。

组织创新——主要是财产组织形式创新。由 7 个股东扩展到 112 个股东。资本由家族化变为社会化，100 多个股东分布在各个岗位，既是投资者，又是管理者或劳动者，积极性由"金字塔"顶层扩充到各个层次，使公司整个肌体焕发出新的生命活力。

技术创新——产品竞争说到底是有技术的人才竞争。1999 年 1 月，以 33 万元的年薪聘请世界一流的台湾方便食品专家吕瑞雄担任新产品开发的副总经理。

营销创新——以 10 万元的年薪从北京聘请了边新路出任市场营销的副总经理。采取了新型营销思路，编织利益链和"信誉链"，与经销商建立起难关共度、风险共担、互相"兜底"的"策略联盟"。

据专家考察分析，中国私营公司中的元老及子弟兵控股在 51% 以上，占经营者的 47.6%，占财务管理人员的 95%。而创新后的天帅集团，元老及子弟兵控股只占 10%；集团公司共有 4 位法人经营者，7 大股东只有 1 人，占 25%；总公司 3 位正副总经理全部是外聘专家；在总公司、子公司、分公司只有 2 人，占 25%；总公司 13 名财会人员中，子弟兵只有 3 人，占 21.5%；近年又从社会上招聘 46 名具有大中专学历的专业人才充实到各个管理岗位。

一系列创新的结果，为"天帅"改造了可能滋生"私营公司病"的"土壤"，给公司换成抗病免疫的新肌体。进而从根本上解决了这一问题。

1998 年 11 月初，浙江知名的私营公司金义集团爆出新闻：老板正式向"家族制"开刀，大哥退职，二哥退休，三哥连降三级，就连老板的妻子，也同样退居二线。集团管理层裁减 60%，30 多位直系亲属或降或辞或进修学习。此举一出，舆论哗然，反响之强烈出乎意料。

金义集团"出道"始于 1992 年，适逢党的十四大召开。那年秋天在上海的一场国有集体商店拍卖会上，30 出头的公司老总陈金义一夜成名，沸沸扬扬的"私吃公"成了经济理论界争相研讨的"现象"。

谈及公司 6 年间的变化，陈金义说：今非昔比，脱胎换骨，年年换样。

然而，换产品，换市场，"换"到最后要"换管理"。私营不等于私有，私营公司同样需要现代公司制度。

在金义集团，仅陈金义的直系亲属就有 30 多位在公司任职。半数以上担任了包括副总裁在内的中层以上老板职务。这些亲属为公司的发展立过汗马功劳，但有一个重大缺陷是素质低，管理工作"脚踩西瓜皮，滑到哪里算哪里"。

最令陈金义伤脑筋的是，亲属们身居"要职"，令许多无裙带关系的人乘兴而来，败兴而归。

"再也不能这样下去了。"，陈金义很早就暗下决心，一定要搬掉"家族制"。十五大后，他更加坚定了信心，亲情是亲情，制度是制度。要想事业有成，总得做出牺牲。

他首先拿自己"开刀"，辞去集团总经理之职，只任董事长，聘请了一位年轻的"外来族"担任总经理。随后，就是几个月来的"思想政治工作"。好在亲戚们大多通情达理，听从了安排。

　　"金义"这一举措，又一次引起了经济理论界的重视。我们认为，从前几年普遍发生在私营公司身上去掉公有制的"红帽子"现象，到今天的一举打破"家天下"，无不都是顺理成章的历史进步，从而获得更大的提高。

"破船"怎能成"航母"

　　经营要诀：把没有用的人怎样变成有用的人，是一种最头痛的选择。

　　公司集团是市场的"联合舰队"，而这支"舰队"的旗舰是"航空母舰"。一支在市场上有战斗力的"联合舰队"，当然不应是胡乱拼凑成的。如果"航空母舰"是条破漏不堪的"大木船"，或者一条真正的航母统率的是一群破漏船，这样的"联合舰队"可能还没遇到敌情就先被几个海浪倾覆了。

　　因此，组建公司集团不会是件太容易的事，必须具有如下条件：

　　（1）要有跻身于国内和世界先进行列的综合经济实力。

　　世界经济发展表明，二次大战以后，国际跨国公司的特点是规模庞大，经济实力强，多角经营。据1994年的统计，世界500家大公司中，名列首位的是日本三菱商事，年销售额是1758亿美元，最末位的是日本东洋制罐，年销售额也有78.43亿美元。据1995年的统计，在美国500家大公司中，名列首位的是通用汽车，年销售额是1688.28亿美元，利润是68.8亿美元。而末位不到80亿美元，差距很大。应当看到，当代世界经济技术的竞争，更集中在大集团之间的激烈争夺，谁的规模大，谁的综合实力强，谁就能在竞争中取得优势。因此，每个集团都要有强烈的事业心和责任感，通过努力，促使集团迅速壮大。

（2）要有善于驾驭全局、运筹帷幄的战略决策能力。

要加快公司集团发展，提高公司集团的实力，要求公司集团有一个方向明确、思路清晰的发展战略，并根据发展战略，按照市场环境的变化，确定战略重点，制定逐年实施的发展规划和策略。集团的老板，要抓生产经营，但更要纵观全局，从谋求长期、稳定的发展出发，在把握市场环境的发展趋势、研究市场竞争对手、竞争策略的基础上，对公司集团的发展方向、目标、方针，提出长远的、系统的、全局的规划，也就是说，要对影响集团未来前途和命运的重大问题进行战略决策。围绕这个战略来确定组织形式，规范管理机制，开展结构调整，实施资料经营，这是集团发展的灵魂。

（3）要有敢于创新、勇攀高峰的科技开发能力。

大集团生产技术、产品开发是否创新，是否具有国内外先进水平，对于推动工业经济增长方式的转变，推动工业技术水平的提高，具有十分重要的作用。因此，各个公司集团都要把技术创新作为一件十分重要的工作来抓。改革开放以来，上海工业在实施进口替代战略，进行产业结构调整，建立支柱产业的过程中，引进了大量外资、技术和工艺装备，使上海工业技术进步水平有了较大提高，也推动了公司集团技术水平的提高。但是，与国际国内先进水平比，不少集团的科技水平、产品开发存在很大差距，不少产品落后于外地。因此，每个集团特别是支柱产业、重点行业的集团，一定要以拓展国内外市场为目标，坚持创新，把技术引进与自主创新并举，实现"二次创新"，努力提高自主开发能力，推动新技术、新产品开发。要抓紧建立起一整套扩张的机制，并积极加强与科研机构和高等院校的联合，推动创新机制的形成。

（4）要有善于积累、实现膨胀的资本扩张能力。

国际上的大公司都有一个内在冲动，就是持续地扩张，具有强烈的扩张冲动和持续的扩张能力，包括市场扩张、规模扩张、资本扩张。上海的公司集团，从小到大的上规模是以资产为纽带，通过资产运作，推动生产要素向优势公司流动，促进大集团的壮大。因此，每个集团要在资产优化重组方面多动脑筋，推动资源优化配置，围绕发展支柱产业、新兴产业和新产品，进行公司重组。要抓住三个环节：一是推进兼并。充分利用国家鼓励公司兼并破产的政策，通过产权市场，实现资产重组，壮大集团实力；二是加强联合。积极探索地方公司与中央公司的联合，在通过联合壮大实力方面走出路子；三是提高效率。要千方百计提高集团现有资产的使用效率，实现公司组织结构、产品结构和生产规模的优化。另外，要把资产运作与生产经营有机结合起来，只有生产发展了，资本运作和资产经营才有实效，才能真正达到目的。

（5）要有立足于强化管理、健全机制的管理控制能力。

建立合理的公司内部管理机制，实行有效的科学管理，是十分重要的任务。大集团应当结合现代公司制度的创新，实现管理的创新。这种管理创新，实际是要求集团创造一种更有效的资源整合方式，以实现公司提出的发展战略和经营目标。大集团的管理创新，包括：在经营思路方面，要有新的经营战略、方针、理念、策略和方式方法；在组织结构方面，要有适应大规模、多元化生产经营要求的责权分明的组织机构，以及相适应的信息网络和各种人才；在管理方式方面，要逐步引入一整套现代管理方法，如线性规划、全面质量管理、统计分析、网络计划分析、库存管理、项目经济评价、决策技术、市场预测技术等等；在管理模式方面，要有既具有现代管理特色，又具有本公司特色的生产管理、财务管理、人事管理等各种新的管理模式；在管理制度方面，要具有一整套创新的、行之有效的公司内部管理制度。

总之，组建公司集团必须依据四个"有利于"：

第一是有利于资源的优化配置。

第二是有利于占领市场，更大限度地垄断市场，并能够向国际化发展。

第三是有利于公司的发展，使公司的产业结构趋于合理，能够集中优势进行公司改造。

第四是有利于加强公司的抗风险能力。

天规十四 ||||||||||||||||||||||||||||||||||||||||||||||||

千万不能自己给公司形象"毁容"

形象就是招牌。不注意形象的公司，那是自己给自己找麻烦，进行自我"毁容"。成功的公司最主要是靠产品质量为自己闯一块牌子，赢一片天下。

来上几手包装的绝活

经营要诀：包装上见功夫，比不会包装更上档次。

俗语说"人靠衣服马靠鞍"，说的是一个人无论长相体形如何，会不会打扮，在其他人眼中会有完全不一样的感受。如果能穿上得体的服装，乔装打扮，就能衬托出体型美，展示出自身特有的魅力，人们当会刮目相看，反之，如果衣不得体，蓬头垢面，纵然美若天仙、气度非凡，也难给人以美感。一匹良马，配上好鞍，一副驰骋疆场、威风凛凛的英姿立刻跃入人的眼帘。商品亦是如此，要想激起消费者对其强烈的购买欲望，就需要首先在包装上给消费者以美的外观形象，刺激消费者的视觉感官，方能让消费者爱不释手。因此，包装也是成功营销中一个切不可以忽视的环节。

（1）包装的基本原则

包装并不是对商品的外形进行简单的浓妆艳抹，而是既要符合包装功能的要求，又要映衬出商品的品质，还要给人以美感。因此，如何搞好商品的包装，还是很有讲究的。

第一，包装是指商品盛放在容器或包扎物内，以便于陈列、销售与消费的行为。包装的功能在于保护商品在从生产到消费的整个流转过程中不至于损坏、散失或变质，能安全送到消费者手中。因此，包装要有利于保证商品的完整性，要便于运输、储存与点检。

第二，包装要便于使用，大小适当，便于携带，易开启。番茄酱是日本人最爱吃的一种调味品，销量非常大，竞争也十分激烈。可果美公司与森永公司是两家最具竞争力的公司，长期以来，两家一直为争夺更大的市场占有率而"明争暗斗"。森永公司的番茄酱质量与可果美的一样，广告宣传甚至比对手还多，但销量却不及对手的一半。森永公司老板百思不得其解，该公司的一名推销员提出建议：将番茄酱的包装瓶口改大，大到足以把汤匙伸进瓶里，易于消费者方便地取出番茄酱。老板立刻采纳并付之生产，结果非常成功，销量急剧增加，没半年时间，森永公司的销量便超过了可果美，一年后，它占领了日本大部分市场。森永公司的成功之处就在于考虑到了包装物对消费者使用商品的方便性，包装物的方便性功能对商品销量的影响是一个至关重要的因素。

第三，包装物上对商品的文字说明也是包装的基本要素之一。它用以介绍商品的规格、数量、成分、产地、用途、功效、使用方法等。包装文字说明对消费者认识商品，科学合理地使用商品是必不可少的。我们可以观察到，一些受消费者欢迎的商品的生产公司就很注重这方面的工作。不但在包装物体的外表上印刷有精美的文字说明，甚至在包装物内还附有小册子详细介绍商品及其使用方法。这些看似不值一提的小东西，在消费者眼中，它们却代表着权威，代表着一种正式的、专业的、正规的资料，使人产生一种信赖感。在国内的奶粉市场上，进口奶粉和外资公司的奶粉质量、成分、生产工艺等与国内一些公司生产的奶粉相差不大，但售价和市场份额却相差很大，原因之一就是，国外公司与国内公司对在包装上的文字说明的重视的不同。国内公司生产的奶粉，其文字说明往往只限于简要介绍奶粉的成分、适用类别、数量、产地、保质期等，而对消费者如何正确使用，却缺乏细致的指导。国外公司恰恰在消费者最关心的这一问题上下功夫，如雀巢公司生产的力多精婴儿奶粉，在包装说明上十分精确地告诉消费者多大婴儿每天食用多大量，多少克奶粉配多少毫升的水，并忠告消费者："用少于或多于指定分量的奶粉，会令婴儿得不到适量的营养或导致脱水，未经医生建议切勿改变奶的浓度"。消费者怎会不喜爱这样的产品呢？

第四，包装物的色彩、造型设计要讲究艺术性。虽然"买椟还珠"只是一则古代笑话，但它之所以能流传千百年，实则是揭示人们一种较为普遍的购买心理——爱上商品之前首先是爱上包装，同时也表明"包装是沉默的推销员"。我们可以发现，在消费者并不是很了解某类商品时，他们往往选择包装色彩艳丽、造型别致的商品，有时，消费者对某种商品可买可不买，但看到商品及包装物设计精巧，惹人喜爱，他们也会产生购买冲动。这种现象在化妆品、香水、酒类商品的销售中可谓司空见惯，许多消费者正是为千姿百态、古色古香、造型各异的瓶子所吸引而慷慨解囊。但要注意的一点是，包装要合理，不要过分包装。有的公司将体积并不大的商品包装的"里三层外三层"，这不仅人为地增加了商品成本，提高了售卖价格，也使消费者在拆开包装物，始见商品的"庐山真面目"后，有一种上当受骗的感觉，由此产生对商品的反感，这实则不利于商品的促销。

（2）包装的基本策略

①统一包装策略。公司生产的所有产品一律采用相同的包装图案、标志、色彩和款式，便于消费者辨认。其优点是节省包装设计费用，减低用户对新产品的疑虑，有助于壮大公司声势，为迅速打开销路创造条件。这种策略强调公司各类产品质量大体相当，如果差异过大则可能对优质高档产品造成不利影响。

②差异性包装策略。公司生产的每一种产品的包装都各不相同，造成丰富多彩、品种繁多的印象。这种策略的优点是品种间独立、互不影响，但需要花费较多的包装设计、开发与促销费用，这在新产品开发时尤其明显。

③相关性包装策略。将多种同一用途的相关商品包装在同一容器内销售，方便消费者购买使用，同时又带动多种产品，尤其是新产品的推广销售。如化妆品盒、针线盒、小五金工具盒等。这种策略局限性在于，只有相关的小商品才能采用。

④包装物复用性策略。选用有复用价值的物体作为包装物，使消费者在用完包装物内的商品之后，还可以将包装物作其他用途。如包装饮料、药品的器皿，在用完后可当水杯或食品盒等。这样，在产品性能、价格相近的情况下，能对商品的短期促销起到刺激作用。

　　⑤不同规格包装策略。消费者的使用习惯各有差异，每次购买的数量、重量也不相同，按照这些需求分别设计不同规格容量的包装，可以使消费者选择余地大，增加商品的销售量。

　　⑥等级包装策略。对不同档次的产品分别采用精装和简装，做到表里一致；对同一种产品也可采用不同档次包装以适应不同的需求，例如，在送礼时，人们愿意选用高档包装；自用时，一般选用普通包装甚至散装。这种策略适应不同购买力水平或不同购买心理，灵活性较强。

　　以上几种包装策略要因时、因地、因人、因物而灵活采用，切不可生搬硬套。在现代市场营销中，包装已成为作为整体产品概念的重要组成部分，成为促进和扩大商品销售的重要手段之一，公司不可轻视之。

一定要给产品起个好名

　　经营要诀：让人动心的名称是营销策略中不可缺少的环节。

　　中国人历来讲究取个好名，婴儿还未出世，亲戚好友就已纷纷献计献策，把对小生命未来的祝福和期望都融进了简单的两三字中。产品也是公司花费无数心血孕育出来的孩子，给产品取一个好的品牌名称，是每一个设计开发者的心愿。有人说：好的名称是成功的一半。于是，一个接一个规模宏大的征名活动便此起彼伏地在中外各地上演着，人们把产品命名看成了市场营销中的关键一步。

　　产品的名称远非一个记号那样简单，好的名称能让消费者从中得到愉快的联想，并逐渐形成对这一品牌的忠诚；好的名称是一种营销力，它所内含的形象价值可以使某一品牌获得持久的市场优势。产品名称好比一只挂钩，在市场定位时代，公司要做的一个重要决策就是为产品取个好名，以便将它挂在顾客心里的产品阶梯上。

产品名称的作用已不仅仅是为了与其他品牌相区别，它还应该能够启动一个品牌的市场定位，并以其所具备的营销力量参与这一品牌的市场竞争。因此，产品命名的过程是一个将市场、定位、形象、情感、价值等转化为营销力量并启动市场定位与竞争的过程，它应以市场定位的原则为出发点，去引导与强化这一定位，使产品品牌从一开始就确立竞争优势。下面我们来看看产品名称可以从哪些方面强化定位、树立优势。

（1）产品名称下的目标消费者定位

一个产品走向市场，参与竞争，首先要弄清楚自己的目标消费者是谁，他们关心的是什么。以此目标消费者为对象，通过产品名称将这一目标顾客形象化，并将其形象内涵转化为一种形象价值，从而将产品与目标消费者在心理上、情感上相互沟通，产生一种特殊的营销亲和力。

如大家非常熟悉的"太太口服液"，"太太"这一名称就直接表明了这种口服液的消费者是那些"太太"们，一改其他保健品那种男女老少均可使用的无目标诉求方式。同时，由于"太太"这个词本身所包含的特殊的中国传统文化及人物关系的信息，使"太太"品牌无形中具备了一种文化分量，并因此能与消费者产生亲和。

此外，我们还常常听到的诸如"娃哈哈"、"男宝"、"老头乐"等名称，都为市场明确地划分了目标顾客范围。这种名称定位一旦成功，即能启动这一品牌的传播过程，而且可以将品牌人性化，从而树立独特的品牌形象和品牌个性。当然，以目标消费者定位的产品名称也有一个缺陷，即名称规定的目标消费者越明确，则该名称产品向其他消费者延伸就越难。如"娃哈哈"品牌就制约了它向老年人用品的延伸，否则将造成定位混乱。

（2）产品名称下的功能定位

产品的功能是消费者关心的一个重点。在名称中，如果以功能定位，强调产品不一般的功效和感受，使其与其他同类产品拉开距离，让消费者在消费这种商品时能获得一种生理和心理的满足，就能启动一个定位过程。

有一种取名为"密丽疤痕灵"的商品，其名称与广告宣传十分吻合，广告是这样定位的："不知不觉，攻克疤痕——密丽疤痕灵，适用于烧伤、烫伤、疮痛、创伤而遗留下来的疤痕及增生性疤痕的消除。"当消费者一有了这方面的需求，首先联想到的就是这种与功效十分接近的名称之产品。

类似上面以功能定位的名称十分常见，如"999胃泰"，它暗示了该产品在医治胃病上的专长；"感冒通"、"速效伤风胶囊"，暗示产品在治疗伤风感冒的作用；"小凉霸"，暗示该品牌空调具有超强制冷的功能；"健力宝"，暗示该饮料具有强身健体的功效；"雪碧"，暗示该饮料清凉解渴；"飘柔"，能使头发更加柔顺飘逸；"舒肤佳"，能使皮肤得到舒适轻松的感觉；"奔驰"、"宝马"，则暗示驾驶汽车如同驾驭一匹飞驰的骏马。

这些产品均以消费者在消费时能够或期待产生一种满足生理和心理方面的需求作为定位诉求点，一方面向人们显示了其品牌属性，同时也能给消费者一种诱惑、期待或承诺，因而其名称本身具备一种明确而有力的定位营销力量。

（3）产品名称下的情感定位

作为一种定位方式和诉求渠道，情感形象被许多产品作为市场定位的重点，配合这一诉求内容的产品名称，也同样不遗余力地在消费者心中营造一种情感氛围，直接或间接地冲击着消费者心智的闸门。

世界著名的香水品牌，总有一个令人心动的名字，"少女的梦"、"巴黎之夜"、"一生的爱"、"女人味"、"致命吸引力"，这些名称融进了女人的梦想和期待，带着无法抗拒的力量对女性心理产生强大的诱惑，再转化成对市场的冲击力，可以这样说，许多名牌香水之所以成为名牌，在很大程度上取决于品牌的名称是否有吸引力。莎士比亚曾说，玫瑰不论取什么名字闻起来都是香的。他错了，实际上，玫瑰取了另外的名字闻起来就不那么香了。你看到的不但是你要看的东西，而且闻到的是你要闻的东西。这就是为什么销售香水极为重要的决策是为香水牌子取个好名字。

"娃哈哈"是一个非常成功的品牌名称，这一名称除了其通俗、准确地反映了一个产品的消费对象外，最关键的是其将一种祝愿、一种希望、一种消费的情感效应结合儿童的天性作为名称的核心，而"娃哈哈"这一名称又天衣无缝地传达了上述形象及价值。而这种对儿童天性的开发及祝愿又刚好是该品牌形象定位的出发点，也是该品牌市场竞争的出发点。

（4）产品名称下的外观定位

优美而在同类产品中处于优先地位的外观造型，对于消费者来说也是一种吸引力。尤其随着人们生活水平的提高，消费者在追求产品的使用价值的同时，也开始注重产品对环境的美化作用，因而，在产品的内在特性越来越接近的今天，产品的外观形式本身也成了一种定位优势。用名称直接反映产品外观的突出特征，将唤起消费者的注意力。

如"白加黑"感冒药的色彩分为白、黑两种形式，并以此外在形象为基础改革了传统感冒药的服用方法。这两种全新的形式本身就是该产品的一种定位策略，同时将其命名为"白加黑"，也使这一名称本身就能表述品牌的外观特征及诉求点，既是一种定位，也是一种诉说。

日本"迷你型三洋收音机"以造型的"小"、"巧"，质量的优良而深受消费者的青睐；无独有偶，海尔集团推出"小神童"、"小小神童"洗衣机，也深得消费者的喜爱。另外，像"大大泡泡糖"也是以这种产品本身表现出来的形状特征来进行命名，并以此定位。

（5）名称定位之注意事项

人们常常把产品名称看作是一个识别的符号，但产品名称绝不是这样简单，公司经营者给产品命名更是希望它能对市场定位有所帮助，使它强化定位，参与竞争，并形成一种持久的市场优势。要做到这一点，产品的命名应注意以下方面：

①产品名称必须容易记忆

一个好的产品名称，基本条件是必须易于读出，易于拼写，易于记忆，这样才能高效地发挥它的识别功能和传播功能。要使名称易读易记，首先必须简洁，字数不能太多。一般而言，汉字名称宜为二个或三个字，如果外文名称的音节过多，应适当割爱，在某些情况下，四个汉字也可以，如"摩托罗拉"、"可口可乐"、"阿迪达斯"等。五个汉字以上的命名是少见的，中国人也确实感到记不住。英文名字也是如此，一般 3 至 5 个字母比较容易认知，如 BWM、IBM、ABB、SONY、Kodak、NIKE 等。国外品牌打入中国市场，有时也使用一个汉字为名称，但考虑中国人的习惯，往往加上一个"牌"字，如壳牌石油、健牌香烟、浪牌口香糖、掂牌服装等。

此外，好的名称还应独特、新颖、响亮、有气魄。如"卓夫"牌服装，中文含义是"卓越的大丈夫"，英文译名为"Chief"，意指首领、最高级的。中英文合二为一，演绎出一种高雅、俊逸、不同凡响的风格和意境，恰如其分地表达了设计者的诉求："作为产品，它是高级、高档、高质的象征；作为公司，它是卓越、领先、超众的代表。"

②产品名称应能引起联想

名称应使消费者产生共鸣，使产品植根于消费者脑海中，达到稳固和扩大市场的目的。"孔府家酒"在制造联想方面非常成功。中国传统风俗，喜庆的日子必定会合家欢聚一堂，吃团圆饭，而饭桌上不可或缺的东西是——酒。孔府家酒正是牢牢地把握这一点，将自身定位于"家酒"，引起消费者关于此方面的联想。它作为"家酒"在消费者心目中具有不可动摇的地位。毋庸置疑，提起孔府家酒，人们就会不由自主地在脑海中幻化出合家团聚的喜庆画面，"孔府家酒，叫人想家"这句温馨的广告语也不由涌上心头。

③界定产品名称的使用范围

公司所使用的名称，是否作为一类产品的"桥头堡"，如果是，名称就不应当对公司有限制，即它的使用范围应较广，如"松下"、"索尼"、"长虹"一类的名称，没有特定意义，可以使用在任何产品上。当然，由于该品牌名称广为人知，消费者已将之归为某类商品概念，因此，松下公司和索尼公司若想开发电器以外的产品，最好启用新名称。另一类产品名称范围则较窄，如"太太口服液"，就明确地界定了它的目标消费范围，公司若想开发少女或男士口服液，这一名称显然不太合适，即使公司想开发"太太"系列的服饰，也不相适宜。所以，名称定位越明确，启用改变这一定位的余地就越小。

当品牌名称使用范围一旦确定，就不能越界。那就是，它同产品本身不应接近得成为这类产品共有的通用名称，如果这样，它就不是一种特定牌子的商标名称了。"米勒出的淡啤酒"是典型的"越界"了的产品名字。结果，出现了施利茨的淡啤酒、库尔斯的淡啤酒、巴德的淡啤酒，和许多其他的淡啤酒。公众和报纸很快将它们混同于米勒淡啤酒，因而米勒失去了独占使用"淡啤酒"作为商标的专有权力。

此外，名称定位还应考虑公司的市场长期定位处在什么位置。如果想要持久的定位，那么应是多通俗、少戏剧性的名称；但若只想暂时定位，像国外"尖叫的黄色醉汉"牌快餐罐头这类哗众取宠的名称也行得通。

④产品名称不能与当地文化价值观念相冲突

每一地方的消费者都有自己的文化背景，包括风俗习惯、宗教信仰、价值观念、民族文化、语言习惯、民间禁忌等，他们接触到同一名字可能会有截然不同的感受。例如菊花在意大利被奉为国花，但在拉丁美洲有的国家则视其为妖花，只有送葬时才会用，法国人也认为菊花是不吉利的象征。我国的菊花牌电风扇如果出口到这些国家，就不能采用意译的名字，否则前景必然暗淡。因此，公司要想使产品进入一个新市场，必须入乡随俗，取个适应当地文化传统的名称。

国外一些品牌打入中国市场时非常注重适合中国人的传统口味。中国人传统道德观念与风俗习惯中很重要的一条就是崇尚吉祥、兴旺，这些年来发财致富也成为大家津津乐道的事情。外国商人迎合这种心理状态，启用了一些中国人爱听的品牌名称，如万宝路香烟、倍福来旅游鞋、利来皮鞋、万事达信用卡、好利获得计算机、宝利来照相机等。

如果今天莎士比亚继续问"名字里究竟包含了什么？"这一问题，大多数人应该知道怎样回答了，命名绝不是一件无关紧要的事，有事实为证。加勒比海中有一小岛，原名叫猪岛，它一直默默无闻，直到后来它改了名字，叫做极乐岛，于是，它一下成了人人向往的旅游胜地。所以说，产品名称比你想象的要重要得多。

天规十五

缺乏拳头产品，就别去比真功夫

一个公司没有拳头产品，就没有自己的经营特色，就会和同类公司混为一谈，整天死去活来找"发展"。有了拳头产品，你就打起了自己的旗帜，就会及时占领市场。

针对市场，塑造"拳头"产品

经营要诀：在市场上找对策。

产品开发要针对市场。首先，进行产品开发，必须先要广泛进行市场调查，掌握市场信息，了解市场需要，研究市场变化及其规律，对市场需求趋势进行科学的分析和预测，根据市场需求状况确定开发目标（包括品种、规格、花色、样式等），并按照市场需求变化趋势和时机确定开发周期、投入市场时间及产品数量等。总之，产品开发必须符合市场客观实际和客观需要，这样才能取得成功和带来良好的经济效益。否则，盲人骑瞎马，脱离市场客观实际，盲目地进行开发，开发出来不符合市场需要或错过市场有利时机，这不仅不能获得良好效益，还会造成损失和浪费。

其次，进行产品开发，还必须考虑自身的可能，根据自身的条件，做到扬长避短。这就是说，要使开发获得成功和取得好的效益，只考虑市场需求一面是不够的。市场很需要的产品，如果公司不具备技术、设备、人员、资源、管理等条件，也是望洋兴叹，开发不出来的，硬要去开发，只能是事倍功半，得不偿失，或错过市场时机。另外，产品开发，要注意发挥自身的技术、设备、人员等优势，避开劣势，如果离开自己的优势，即使市场很需要，也不会收到好的效果。所以，公司进行产品开发，一定要在自己熟悉、具有优势、具备有利条件的领域里进行。当然，一个公司的优势和劣势是相对的，可变的。如果一个公司在进行某一种产品开发时，只具备某一或某些方面的优势，而其他方面不具备优势，则可以通过创造条件加以弥补，将劣势变成优势，如通过联合、引进等措施来解决资金、技术、人才等方面的不足。

总之，公司进行产品开发，一是要考虑市场需要，二是要根据自身条件提供的可能，二者缺一不可，须做到相互统一。总的原则是从实际出发，以能否取得好的效益为标准。

这里，咱们再来看一个反面例子：山西的一家农药厂家，前些年一直主要生产消灭棉铃虫的农药，倒也获得了较好效益。可是，随着近年来中原地区棉花耕种面积的急剧减少，该厂家对自己的产品未加及时调整，结果给工厂带来了致命的打击，工厂很快就倒闭了。

适时出击，适地投入

经营要诀：在最好的地方、最佳的时间，做最好的生意。

公司进行产品开发，必须有时空观念，注意时空的选择，才能收到较好的效果。

产品开发的时间选择，就是要把握市场时机，选择好研制、开发的起始时间及产品投入市场的时间，争时间，抢速度，尽量缩短开发周期，及时地进行产品设计、试制、生产，尽快地将产品投入市场，不能没有时间观念，拖拖拉拉，松松垮垮，啥时开发出来啥时算，何时投入市场何时了，这样，不仅会错过有利的市场时机，而且还会造成时效、投资等方面的浪费和损失。一种产品开发本来需要半年或一年，如果花了三年、五年才开发出来，其时间的浪费就可谓惊人。某种产品本来现在或近期市场很需要，但过了较长时间才开发出来，这时市场已时过境迁，不需要了，或已经饱和了。当今，技术、市场变化之快，竞争如此激烈，搞开发没有时间观念是不行的，稍微落后一步，对手就会捷足先登，而谁先进入市场，谁就处于有利地位，占有制高点和制控权。树立产品开发的时间观念，首先应注意不同时间市场需求的变化，这是产品开发时空选择的前提。因为，市场需求是随时间变化而变化的，是因时而异的，而市场需求又是产品开发的依据。今天市场需求旺盛的产品，明天可能变成被冷漠的产品。所以，产品开发一定要研究、掌握市场需求的时间特征。

产品开发的空间选择，就是要选择好开发产品的未来市场投向，是面向国际市场，还是面向国内市场；国际市场是欧洲，还是美洲或亚洲、非洲，是发达国家，还是发展中国家；国内市场是本地，还是外地，是南方，还是北方，是沿海地区，还是内地或边远地区，是城市，还是农村。不同的空间，不同的地区，消费者需求各有特点，市场情况各有不同，这就要求在产品开发时必须要有空间观念。要根据不同空间的市场和消费者需求，来研制、开发产品。市场就是空间，没有空间观念就等于没有市场观念。产品开发如果没有空间观念，不注意空间选择，不知投向何处，盲目进行，肯定是不能获得成功并取得较好效益的。打靶需要空间目标，产品开发也应如此。因此，进行产品开发，必须要重视市场空间的广泛调查，确定好空间目标，选择好有利的空间位置。

不追求经营质量，效益就会"短命"

质量是公司发展的命脉，不求质量的产品只能给公司埋下失败的根源。真正的公司，应该让产品质量说话，而不应让虚假的东西断了自己的财路。

狠抓几下质量就会上几步台阶

经营要诀：外表再好，内在糟糕，都是不行的。

好的产品，要以质量为中心，以市场为目标，迎合顾客需要，为此，任何公司都要相应地制定一套切实可行的策略方案。

几乎在任何努力中，质量都可作为一条核心价值，决定对成绩的期望。对于社会，可能是生活质量；对于商业，可能是服务或产品质量或组织内的工作生活质量；在医疗卫生方面，质量可能着重于疾病的正确诊断和医治。质量是非营利组织完成任务的关键因素。

对于每一种情况都存在一个把策划和质量综合起来的过程。虽然人们通常对于质量的重要性有直观的理解，但他们可能不知道把质量变成

101

明确重点的具体步骤。以下讨论的步骤将提高组织创造其老板、顾客和员工所追求的质量未来的能力。

任何组织的策划过程都包括几个主要步骤。这个过程总是以考虑顾客开始：这些顾客是些什么人？他们想些什么？什么潮流将会影响他们？

建立对顾客的看法后，组织必须决定对于顾客自己应定位在什么地方？是否应该保持以往的定位？还是向新的顾客领域扩展。放弃、维持或扩展市场定位？质量应是回答这些问题的主要因素。一个成功的组织着重于自己优秀的地方，以最盈利的手段向顾客提供高质量的服务和产品。质量低、高成本或顾客投诉的地方要进行整改或放弃。

当组织弄清有关其顾客的定位后，下一步要看看自己内部。为取得期待的结果，组织可能要改变结构。此时组织要留意将影响自己的潮流和未来环境。根据组织的任务，人口统计研究、长期经济预测、技术预测和对公司历史的迅速回顾可以帮助对未来的评估。

策划人对组织的未来进行展望后，他们要认清组织与目标相距多远，然后定出到达目的的具体步骤。这通常是策划过程中最难的部分。无数日常的习惯性力量往往使注意力和资源偏离策划方案。必须抵制习惯性行为，以便采取新步骤向目标迈进。

执行计划中的步骤即是采取行动和评估其有效性。毫无疑问，任何变化都将遇到抵抗，必须克服。定期评估策划方案是保证目标仍然正确的必要行为。策划过程是组织内的循环过程。

组织管理层要发动策划过程和确保其持续进行。然而，真正策划最好由一个班子执行。理想的是由组织各个层面的人组成，确保满足各方利益。

这样一个班子还能提供组织进行情况的最佳资料。只由高层经理人员组成的策划班子有可能漏掉重要的信息和来自中层和直接与顾客接触的人的看法。

在小组织中，可以把所有人同时召集到一个房间里。推动人可以带动策划过程，让所有人参与并取得整体的承诺。在大公司，策划班子必须包括高、中层管理人员，一线监督人员和直接进行生产或接触顾客的人。若组织有工会，那么应邀请工会领导参与策划。在社会服务组织，策划过程要有经理、服务提供者，以及能代表服务接受者——如顾客——说话的人参加。

策划班子多元化可提高策划过程的质量。有效的策划班子将平衡组织内、外的看法。收集男和女、新丁和老员工、不同民族背景、不同年龄组织的人的观点十分重要。确保创造过程包括所有观点可增强计划的有效性。

一个组织的高级经理负责的是完成组织的任务，因此这也是对质量经理的标准。许多组织聘有质量经理。

不同组织的质量经理有不同的角色。在成功的组织，质量经理密切与高级经理合作，充当畅言无忌的质量建议者。质量经理应作为质量拥护者在公司的策划中发挥强大的作用。

一旦质量经理取得发动策划程序的同意，他必须召集多个层面的人员组织策划小组。质量经理必须取得其他经理的保证，让小组成员有充足的时间进行策划工作。

质量经理要推动策划过程或确保有一位经验丰富的推动人主持这一过程。通常质量经理要作为小组成员参加。在这种情况下，建议请一位着重于策划过程的、老练的推动人。

质量经理通常在其组织之前对质量有先知先觉的态度。因为他们参加质量会议、读有关质量的书籍、参加质量专家的座谈会，他们可能对自己组织内的进展速度感到灰心。

参与策划过程使质量经理有很好的机制去带动经理们加快速度。这有助于质量经理避免孤立于组织之外，加以进一步的影响，执行对组织有利的质量方案。

有效率的组织要把质量作为重要的元素融入他们的策划过程，这是质量专家普遍同意的观点。把质量作为事后考虑的因素，不能有效地建立高质量的组织。策划方案应围绕质量计划而建。

靠"特色"吸引人

经营要诀：特色就是风格。

开发特色产品，能更好地促使公司创下自己的一片天地。

一个公司，要想能为别人所不为，不但要具有长远的战略目光和精明的经营头脑，还要牢固树立为客户服务的思想，努力加快技术进步，提高竞技能力。只有这样，才有胆量人弃我取，去吃"难、急、小"这样的"铁头颅"，取得令人瞩目的成效。据国家有关部门最近调查分析预测，目前和今后一段时间公司可以大力开发的特色产品有：

新奇型——无论在造型、使用效果上都有新的突破和特色，主要适应消费者"喜新厌旧"的购物心理。

祝福型——能让人得到美好祝愿的感觉。

高贵型——这种商品的特色是抓住了部分高收入阶层只要东西好，再贵也买的消费心理。

安全型——此种商品的特色是能代表人们追求安宁生活的心愿。

愉快型——力求使人感到满意愉快。

保健型——有利于人体保健。

立体型——在结构、装潢、图案等方面都有立体感。

组合型——有节约原料、节约占地面积等优点。

专业型——产品按专业、年龄分类。

敏捷型——力求微型、轻巧、珍珑、美观且使用方便。

系列型——讲求配套成龙、分工细密。

多功能型——不但要求有保健、娱乐、艺术功能，还要有开发智力、特别保护等功能。

仿质感型——外观、手感与天然物质一样，其使用性能又必须优于天然物质制造的新产品。

流行色款型——产品颜色与制造款式协调。

以差异包装吸引各类顾客，也是当前市场竞争的一大特点。报载，广东省的不少食品公司，针对消费者对商品包装趋向新、奇、美、精、变的特点，区分顾客性别、年龄、职业的不同，实行差异包装，同一产品往往都配有许多包装。如对儿童配的就有动物和影视人物的包装；对老人配以经济耐用的包装；对女青年配以华贵、优雅的包装，等等。这样的差异包装，适应了不同类型、不同层次消费者的需求，起到了良好的促销作用。在市场竞争中，一种产品往往许多家公司生产，都在一个市场上角逐，为了夺得竞争胜利，公司在努力使产品质优价廉的同时，注重产品包装的同中求异和特色经营，以与众不同的包装来吸引各类顾客，不乏是一种促销良策。

目前，有些公司还习惯于搞大批量、一式化的产品包装，有的甚至是几十年一贯制的"老面孔"。这种经营方法，显然是缺乏大范围适应能力及多层次竞争活力的，应尽快改变这一做法，借鉴差异包装的技艺，举一反三，多研究出一些差异包装的经营办法，如包装容量差异、材料差异、说明差异，等等，充分发挥包装在市场竞争中的促销功能，以千姿百态的包装来满足顾客需求，促进产品销售。

例如，随着离婚率较高和其他社会原因，世界上独身男女数量将增加。韩国有一家电器公司，摸准这一信息后，及时研制出适合独身家庭使用的单人洗衣机、单人电冰箱、单人电饭煲……由此创立了新的独身市场，公司也赢得了独家生意，取得了良好的外贸效益。

这件事告诉我们，无论什么公司，要想做活生意，特别是赢得独家生意，取得超人的成效，就应树立强烈的市场观念和竞争观念，而取得市场竞争胜利的一个可靠办法，就是避开众多竞争对手，创立自己的独家市场，如根据全球人口老化趋势开发"银发市场"；拾遗补阙，专门生产并出口特异身材的男女服装；超前思维，根据越来越多的消费者对化学合成制品的副作用感到担忧的现实，大胆研制以天然物为原料的"重返大自然"化妆品、食品，等等，都采用了与开辟独身市场相同的独特的经营战略，因而也都在强手如林的市场竞争中开辟出属于自己的独家市场。对科技开发能力不强，市场超前把握程度不高的许多公司来说，毕竟实力不及人家，因此，每每处于"出拳慢"的不利地位，难于赢得竞争。如果注重避热就冷，创立自己的独家市场，才能出奇制胜。

轻视服务，意味着自己断了后路

搞好服务，是把顾客当成上帝；也是对自己公司负责的一种表现。服务是赢得顾客信任的保证，要知道，顾客就是你的营销市场。

捕获人心三十条计策

经营要诀：在人身上下功夫，就是去占领他（她）的心。

在人心上多动点脑子，比苦口婆心去推销更有用。

（1）生意是为社会大众奉献的服务。因此，利润是它应得的合理报酬。

生意是为服务社会而存在的，而服务的报酬就是得到利润。如果得不到利润，表示对社会的服务不够。按道理，只要服务完善，必定会产生利润。

（2）不可一直盯瞧着顾客。不可纠缠啰唆。

要让顾客轻松自在地尽兴逛店，否则顾客会敬而远之。

（3）地点的好坏比商店的大小更重要，商品的优劣又比地点的好坏更重要。

即使是小店，但只要能提供令顾客喜爱的优良商品，就能与大商店竞争。

（4）商品排列得井然有序，不见得生意就好。反倒是杂乱的小店常有顾客上门。

不论店面如何，应该让顾客感到商品丰富，可以随意挑选。但丰富商品的种类，还是要配合当地风习和顾客阶层，而走向专门化。

（5）把交易对象都看成自己的亲人。是否能得到顾客的支持，决定商店的兴衰。

这就是现在所强调的人际关系，要把顾客当成自家人，将心比心，才会得到顾客的好感和支持。因此，要诚恳地去了解顾客，并正确掌握他的各种实际状况。

（6）销售前的奉承，不如售后服务。这是制造永久顾客的不二法门。

生意的成败，取决于能否使第一次购买的顾客成为固定的常客。这就全看你是否有完美的售后服务。

（7）要把顾客的责备当成神佛之声，不论是责备什么，都要欣然接受。

"要听听顾客的意见"是松下公司经常向员工强调的重点。倾听之后，要即刻有所行动。这是做好生意绝对必要的条件。

（8）不必忧虑资金短缺，该忧虑的是信用不足。

即使资金充裕，但没有信用也做不成生意。不过这里只是强调信用比一切都重要，并不意味资金不重要。

（9）采购要稳定、简化。这是生意兴隆的基础。

这与流通市场的合理化相关，因此也是制造商和批发商的责任。不过，在商店方面可以做有计划的采购来达到合理化的目的。但在拟定采购计划之前，要先制定销售计划；而制定销售计划之前，要先拟定利润计划。

（10）只花一元的顾客比花一百元的顾客，对生意的兴隆更具有根本的影响力。

这是自古以来的经商原则。但人们往往对购买额较高的顾客殷勤接待，而怠慢购买额低的。要记住，若也能诚恳接待只买一个干电池或修理小故障的顾客，他必会成为你的永久顾客，不断为你引进大笔生意。

（11）不要强迫推销。不是卖顾客喜欢的东西，而是卖对顾客有益的东西。

这就是松下先生所说："要做顾客的采购员。"要为顾客考虑哪些东西对他有帮助，但也要尊重他的嗜好。

（12）要多周转资金。一百元的资金转十次，就变成一千元。

这就是加速总资本的周转率，做到资金少，生意多。

（13）遇到顾客前来退换货品时，态度要比原先出售时更和气。

无论发生什么情况，都不要对顾客摆出不高兴的脸孔，这是商人的基本态度。持守这种原则，必能建立美好的商誉。当然，首先要避免发生退货。

（14）当着顾客的面斥责店员或夫妻吵架，是赶走顾客的"妙方"。

让顾客看到老板斥责、吵架的场面，会使他感到厌恶难受。但却有许多老板常犯这种忌讳。

（15）出售好商品是件善事。为好商品做广告更是件善事。

即使顾客有潜在需要，但若接收不到正确情报、仍然无法满足他的需求。广告是将商品情报正确、快速地提供给顾客的方法；这也是公司对顾客应尽的义务。

（16）要有"如果我不从事这种销售，社会就不能圆满运转"这种坚定的自信及责任感。

要先深切体会和认识公司对社会的使命，才能有充沛的信心做自己的生意。千万不可认为自己做生意是以赚取佣金为目的。

（17）对批发商要亲切。有正当的要求，就要不客气地原原本本说出。

采购时，批发商与商店都会提出严格的条件，但一定要以"共存共荣"为原则。比如，要求批发商降价时，不要单方面一味地还价；应该互相磋商，一起想出降价的对策来。不论是厂商或商店，若没有批发商的合作协助，商界是无法繁荣的。

（18）即使赠品只是一张纸，顾客也会高兴的。如果没有赠品，就赠送"笑容"。

得到一点小小赠品也会高兴，这是人情的微妙处。但如果一直是这么千篇一律，就会失去原先的魅力，削弱销售力。因此，要想一直维系着新鲜感，最稳当的方法，就是微笑、再微笑。

（19）既然雇用店员为自己工作，就要在待遇、福利方面订立合理的制度。

（20）要不时创新、美化商品的陈列，这是吸引顾客登门的秘诀之一。

这会使商店更富有魅力。现今的商店应该转变"店铺"的形态，成为人群聚集的"大众广场"。

（21）浪费一张纸，也会使商品价格上涨。

谨慎节省毫不浪费——是自古以来商人信守的铁则之一。但必要的经费要舍得花。总之，在这种竞争激烈的环境下，一定要避免任何无谓浪费。

（22）商品卖完缺货，等于是怠慢顾客，也是商店要不得的疏忽。这时应郑重道歉，并说："我们会尽快补寄到府上。"要记着留下顾客地址。

这种紧随的补救行动是理所当然的，但漠视这点的商店却出奇的多。平日是否就累积这种努力，会使经营成果有极大的差距。

（23）严守不二价。减价反而会引起混乱与不愉快，有损信用。

对杀价的顾客就减价，对不讲价的顾客就高价出售，这种行径对顾客是极不公平的。不论是什么样的顾客，都应统一价格；从顾客身上取得合理利润后，再以售后服务、改良品质等方式回馈顾客。这才是理想正当的经商方法。

（24）孩子是"福神"。对携带小孩的顾客，或被使唤前来购物的小孩，要特别照顾。

射人先射马。先在小孩身上下功夫使顾客钦服，是永远有效的经商手法。

（25）经常思考今日的损益。要养成没算出今日损益就不睡觉的习惯。

当日就要结算清楚，算一算是否真正赚钱。今日的利润，今日就要确实掌握住。

（26）要得到顾客的信任的夸赞："只要是这家店卖的就是好的。"

商店正如每人独特的脸孔。信任那张脸、喜爱那张脸，才会去亲近光临。

（27）推销员一定要随身携带一两件商品及广告说明书。

有备而来的推销，才可期待会有成果；切莫空手做不着边际的推销。

（28）要精神饱满地工作，使店里充满生气活力，顾客自然会聚拢过来。

顾客不喜欢靠近无生气的店铺。要让顾客推开厚重的大门才能进去，是珠宝等高级商店才会有的现象。一般都应该制造使顾客能轻松愉快进出的气氛。

（29）每天的新闻广告至少要看一遍。不知道顾客订购的新产品是什么，是商人的耻辱。

现在已是情报化的时代，顾客对商品的了解甚至都胜过商人，这点是身为商人不得不警惕的。

（30）商人没有所谓的景气、不景气。无论情况如何，非赚钱不可。

在任何不景气的状态中，都要靠自己求生存。不发怨言，不怪别人，凭自己的力量，专心去寻求突破之道。

十二种推销术赢得顾客

经营要诀：这是一些天机。

（1）步步为营法

这种方法的技巧就是牢牢掌握顾客所说过的话，来促使洽谈成功。

比如有一顾客这么说：

"我希望拥有一个风景优美的住处，有山有水。而这里好像不具备这种条件。"

那么，你可马上接着他的话说：

"假如我推荐另外一处山清水秀的地方，并且以相同的价格提供给您，您买不买？"

这是一种将话就话的方式，这种谈话模式对推销有很大好处。就上面一段话，顾客是否真的想拥有一个山清水秀的地方姑且不管。你抓住他所说的话而大做文章，给他提供一个符合他条件的地方。这时，他事先说过的话就不好反悔了，否则就会感到十分难堪。这样的情况在我们生活中也时常发生。譬如我们上街去买衣服，走进一个服装店里挑选，其实这时你还无心购买，只不过是看看而已。这时营业员就会上来对你说：

"您喜欢哪一件？"

"把这件拿给我看一看。"

"这衣服不错，挺合您身的，穿上会显得更潇洒。"

"不过，这衣服的条纹我不怎么喜欢，我喜欢那种暗条纹。"

"有啊，我们这里款式多着呢。你看，这是从美国××服装公司进口来的，价格也挺便宜的，和您刚才说得差不多，做工更好一些。怎么样，试一试吧！"

"……啊，还行吧，大概要多少钱？"

"一点也不贵。像这种物美价廉的名牌货还真不多。你到那边去看看就知道了，一件卡杰里尼牌的衬衫就要五六百块。就连一块手帕，也要100多。其实用起来也是差不多。这件才90块钱呢！"

"还是这么贵啊？"

"再便宜穿起来就没有这么挺了，现在稍微好一点的也就是这么一个价格。"

"好吧，我买了。"

这个推销员就运用了"逼迫式成交法"。

你说想要什么款式的，他就给你提供你信口说的那种，逼迫你不得不买。

譬如一个推销员推销小轿车，如果碰到一位顾客，他这么对你说：

"这部车，颜色搭配不怎么的，我喜欢那种黄红比例配调的。"

"我能为你找一辆黄红比例配调的，怎么样？"

"我没有足够的现金，要是分期付款行吗，"

"如果你同意我们的分期付款条件，这件事由我来经办，你同意吗？"

"哎呀，价格是不是太贵啦，我出不起那么多钱啊！"

"您别急，我可以找我的老板谈一谈，看一看最低要多少钱行，如果降到你认为合适的程度，你买吗？"

一环套一环，牢牢地掌握他的话头。运用这种战术，一般成交的可能性比较大。

（2）保证赔偿法

就是顾客在购买此产品后，在一定期限内，对由于非人为因素造成的产品损坏，除免费维修外，还承担由产品损坏造成的其他全部损失。

此推销术是由美国国际农机公司的创始人梅考科 100 多年前独创的。梅考科年轻时，用父亲留下的遗产，创立了生产收割机的农机公司，尽管他每天只睡 5 个小时，边吃边干，生意仍然非常萧条。几年下来，只卖出几台收割机，把父亲留下的老本赔个精光，还欠了一屁股债。他生产的收割机并不比其他厂家的差。是什么原因呢？梅考科的农机公司实属后起之秀，牌子比不上老厂，只有在推销方法上胜人一筹，才能打开市场的大门。几经斟酌，一个"保证赔偿"推销术形成了。即购买收割机的人在头两年的使用中，如果不是人为事故，收割机出了毛病，公司不仅像其他厂家那样免费负责维修，而且因机器损坏，耽误了收割所造成的损失全部由梅考科的农机公司负责赔偿。

这个推销术并不是万无一失的，一是机器的损坏很难分清是质量问题还是操作使用不当造成的；二是由此要引起买卖双方的许多纠纷；三是增加一大笔开销，很可能生产收割机所得的利润还支付不了赔偿费。因而遭到公司内部高级职员的集体反对。梅考科认为目前主要问题是在市场站住脚，因而必须要有长远观念，即使是近期多赔一点钱，一旦占有市场，就一定会赚回损失，果不出他所料，几年后国际农机公司走上上坡路。

使用"保证赔偿"推销术，需要一定的胆识，对于有经济实力的大公司来说，巩固和增加产品市场占有率，此推销术不失为一高招。对于底子薄的小公司来说，梅考科农机公司已经成功地运用了此方法，如果你认真权衡利弊，舍近求远，勇于冒险，不妨也可试一试。

（3）理性分析交易法

让我们先来看一个故事：

卡耐基一生致力于成人教育，有一段时间他向纽约某家饭店租用了一大舞厅来进行一系列的讲课，每一季大概要用20多个晚上。

有一次，他突然接到经理的一张通知，告诉他必须付出几乎高出原来三倍的租金，否则要收回他的使用权。卡耐基接到这个通知的时候，入场券等都已经印好，并且分发出去了，而且所有的通告都已经公布了。

当然，谁也不愿意多给别人租金，即使你再怎么有钱也会对这种无理增加租金的事感到愤怒，卡耐基也同样如此。可是他跟饭店的人交谈又有什么用？他们关心的是金钱，只对自己所要的感兴趣，几天之后，他直接去见了饭店的经理。我们看他是怎样很好地处理这件意外事件的。

"收到您的来信，我感到非常吃惊。"他说："但是我理解你的做法，如果把你换成我，也许我也会发出一封类似的信函。每一个人都希望增加自己的收入，您作为饭店的经理，有责任尽可能地增加饭店的收入。现在，我们来做一件事：如果您坚持要增加租金，请您允许我在一张白纸上将你可以得到的利与弊写出来。"

卡耐基拿出一张白纸，在中间画一条线，一边写着"利"，另一边写着"弊"。

他在"利"这边这样写："将舞厅空下来，租给别人开舞会或开大会将有更大的好处。因为像这类的活动，比租给别人当课堂，收入会更多。如果把我占用20个晚上的时间去租给别人开舞会这一类的事，当然比我付给你的租金多得多。租给我用，对你来说是一笔不小的损失。"

在"弊"的一边他写下如下的一段：

"不租给我，你有两个坏处：

"其一，你不但不能从我这儿增加收入，反而会使你的收入大大减少。事实上，你将一点收入也没有，因为我无法支付你所要求的租金，而只好被迫到别的地方去开课。当然这个坏处，你可以从其租给别人来弥补而变成你的一个好处。

"另外一个坏处就是这些课程吸引了不少受过教育，水准特高的群众来您的饭店，这对你来说是一个很好的宣传，您不这么认为吗？事实上，即使你花费几千美元在报上登广告，也无法像我的这些课程能吸引这么多高层次的群众来光顾您的饭店。这对一家饭店来说，不是一件很有意义的事吗，你不让我在您这儿讲课，就使您的饭店失去了那么多的观众啊！作为一个经理，应该用长远的眼光看问题，而不应只顾眼前！"

写完之后，他把纸递给饭店经理说："我希望你好好考虑这其中的利弊，然后再将您的最后决定告诉我。"

第二天，他就收到一信函，告诉他租金只涨50%，而不是原来的300%，两者相距是何等之大！

汽车大王福特说过一句话："如果成功有任何秘诀的话，就是了解对方的观点，并且从他的角度和你的角度来看事。"

这段话，对推销来说应该成为"经典"。因为世界上几乎有90%的人在90%的时间里，忽视了这其中的道理。

卡耐基运用理性分析法使饭店经理减少了250%的租金，而对推销来说，运用同样的方法，会使你推销大获成功。

有许多顾客在购买商品时，太过于小心从事。对于这种顾客运用说理方法最有效。

其实，这种方法是美国一位叫富兰克林的推销家发明的。卡耐基只不过是在工作中运用了这种方法，就获得了成功。富兰克林的推销法如下：

每当他要决定一件事情之前，总是拿出一张纸，两边分开，左边写表示肯定，右边写表示否定。也就是说将一切买之有利的因素写在左边，右边写出一切买之不利的理由，看哪边理由充分而做决定。然后请顾客也写出一张，权衡利弊，决定是否购买。

推销员用此种方法进行推销时，也可并用暗示法，如在肯定栏，当他填写时，你可以多建议一些，在他填否定栏时，你不可多做"辅导"，最好是缄口不言。这样一来，对你有利的肯定因素大大增加了。因为一个人叫他突然之间想出那么多的否定因素是很难的。让顾客写完之后，再让顾客从左到右再看一遍，看看是有利还是不利的因素多，同时试探性地征求："您看怎么样？"

（4）施加压力法

对顾客施加压力并不是强迫顾客来买你的商品，而是运用一种心理战术，使顾客无形中感到一种压力，这种压力是他们自己产生的，他们感觉不出这是由于推销员而造成。

推销员在进行商品推销时，要想方设法先使顾客感到慌里慌张，没有阵脚。然后，再进行你的推销，这就是本法的基本内容。

当然，推销员应该具有高度的说服力，要使你的话深得人心，能引起他们的共鸣。

使用这种推销法，事前必须小心从事，做好充足的准备。在洽谈的过程当中，恰到好处地改变当时的气氛，如果说中间有一步弄错，则会满盘皆输，生意泡汤。

这种方法，对那种说服力极强，应变能力好的推销员特别适用。因为此法要求推销员说话要有感染力，对于环境有极强的控制能力并能灵活地加以变换。

下面是应用此法的一些语言技巧，涉及各个方面，请看：

①"这么昂贵、豪华的衣服，我觉得不适合于你工作的环境，看看便宜一点的吧，也许会更适合于你的需要。"

②"这件商品的价值，如果按天计算，每天只需要三四块钱，而每天哪地方不能省三四块钱。让您孩子少吃一点那种不利于健康的食品，把节省的钱用在这件有意义的商品上多划算！"

③"我认为您应该再做一些考虑，而不必去找我们上司的麻烦，他的业务非常繁忙，您不需要去打扰他。您自己仔细想一想就可以理解像您这么年轻，经济支付能力恐怕够不上买这一类型的商品，您考虑周全之后，再来怎么样？"

④"假若我没记错的话，您在结婚时，曾经在我们公司为您妻子订购了两件商品，现在，听说您妻子已经不太喜欢了，不知是不是这么回事？"

⑤"如果您认为从我们公司进货，比从别的地方进货，能赚到更多钱，那么，您可以先拿出一部分钱，来资助我们公司进行更大规模的建设。"

运用此种推销方法，在进行过程之中应该注意如下两点：

①掌握自己说话的口气，连续不断提出问题，一直到顾客对谈论的问题有所表示。

②对特殊情况，例如谈论问题的焦点，应首先进行解决。

（5）选择方式成交法

对待那些没有决定能力的顾客，运用此种推销法最恰当。

这种方法是向顾客提供几种供他们选择的方法，让他们挑。这一类顾客，自己没有能力去决定是否购买，也不知应挑选什么样的才合适。什么事对他来说都无法使他下一个明确的答案。因此，推销员可抓住他们这一通病，对症下药，一定会起到立竿见影的效果。与这类顾客交谈，你只需向他们提出问题，让他们回答即可。

运用此种方法，推销员可以使用下列这样的一些问题，譬如：

①"这种商品，共有三种样式，您看哪一种合适？"

②"您是想一次性付清，还是想分期付款？"

③"您是准备自己出钱买，还是想从我们公司进行贷款？这两种方式都可以，您看着办！"

④"像这种您需要几件？还是要全套的？"

⑤"用正式签名，还是用假名？"

等等这一类选择性问题，放他们稍微思索一下就可回答。

这种顾客是最容易接待的。只要你问题提得恰当，不论他们怎么选择，反正生意成交绝对没问题。

（6）诱导方式成交法

这种方法的最大特点就是给顾客造成一种幻觉，让他们知晓我们推销是为他们特别设计的。或者说，我们现在推销给你，是给你一个赚大钱的机会。要让顾客一直这么认为："自己的运气太好了，总是在适当的时候出现。"或"总是在适当的场所碰上"。只要让他们能产生这样的感觉，你对此法的掌握就算有一定的功力了。

推销员要有这样的本事：你不是为自己的推销而推销，而完全是为他们着想，好像你的职责就是如此。

譬如，一笔交易快要结束时，你可以添上一句：

"跟您实说了吧，大概您不会相信我的话。但是，我还是想说出来。其实，像这样根本就不叫什么生意，而完全是为着你们着想。我们只不过向你们收成本费和劳务费就是了，而你们却可因此而发大财。初次和您见面之时，我向您说这些话没有多大必要。不过，现在可就不一样了，因而我还是说出来了。"

像这些话是从心理上来诱导的，具有间接作用的意味。有些则是直接去诱导顾客，如："这是新上市的书，刚一推销就卖出去好多，看一看其中之内容，定会感到非常有用。怎么样，买不买？对您的帮助可就大了。"

现在，市场进行各式各样的有奖竞猜，摸奖之类的，说透了，也就是引诱。群众只注意那些特等、一等的奖品，对它们感到眼馋，希望能录一张彩票就能摸到特等奖。他们不去看这些摸奖的命中率是多么低！果真你就有那么好的运气？

下面讲一个运用此法成功推销的事例：

每年，H公司都要举行一次规模盛大的有奖销售大竞赛，推销最多的人不仅可以得到大笔奖金，而且还可以全家免费去瑞士旅游三个星期。M先生过去曾经拿到销售第一，而尝到了这种甜头。

今年，有奖销售活动已经快接近尾声了，而在几小时之前，K先生连续推销了几件产品，一下子就超过了M先生。在竞赛结束前一个小时，两人的推销成绩差不多，如果谁能在这一个小时内卖出三件商品，谁就有资格去旅游了。

奖品的诱惑力太大，谁都想登上冠军的宝座，这对一个推销员来说很重要，一方面证实自己的推销能力，另一方面则有大笔奖金，并且可以全家免费旅游。这是人人求之不得的事。

为了在关键的时刻占据主动权，M先生就灵活地运用了此法。"说句实在话，在最近几年里，像这样的比较高一层的旅游还是第一次。我确实想去旅游！如果您能帮助我的话，我将会感谢您，否则，我只好望奖兴叹了。如果您买我的商品，您不必付全部款额，我愿意从得到的奖金中，让您分享一部分。同样一件商品，你从我这里购买比从别处购买要便宜几百美元。商品是同一公司的，绝没有两样，这您可绝对放心。这样一来，您可以买到没有比这更便宜的商品。而我呢，也可以利用剩下的奖金，还可免费旅游。为了我们彼此的利益，买下吧！"

每位顾客都有一种贪财心理，只要是有利可图的事情，他们都愿意干，即使那些他们不需要的商品。如果不是因为质量缘故而只由于公司资金周转不过来而进行五折销售，他们都会蜂拥而至，形成一种抢购潮。M先生抓住他们这种心理，让利进行销售，终于又一次实现了自己的愿望。

（7）抓住习惯成交法

这种成交法分为两种形式：第一种是签字习惯成交，即是以书面填订购单的方式来成交。第二种是凭口头约定，并以握手的方式来表示成交，即握手习惯成交法。

①签字习惯成交法

在与顾客的洽谈中，当顾客的购买意愿已经达到一定程度时，你就可以开始准备订购单，并且可以对他们这样说：

"现在让我们来共同讨论订购的事吧！"

在说的同时拿出订购单，并且继续说：

"请把您的姓名告诉我，好吗？"

在这样的情况下会出现两种现象，一是不表示拒绝；二是阻止你的行为。

对于第一种现象，不用多作说明，生意显然成交了。

第二种现象，则表示顾客还存在一定的原因阻止做出决定。这时，你作为一个推销员，最好是顺从他，等到把他存在的顾虑解决之后，你再表现出一种好像你俩已经达成协议的神态，胸有成竹地对他说：

"我已经在上面签好了。您也得在上面签名，这样才表示我们交易成功了！"

推销员的精神对顾客有很大的影响，你越是显现一种高度的自信，他们越是对你产生信任感。当他们看到你充满着一种自信的态度，也就不会感到什么不安而果断地签名。

运用这种推销方法应注意的一点是，当你们进行商品交易谈判时，推销员应事先让顾客熟悉订购单。这样，在签字时，他们就不会对订购单感到陌生，内心也就不会对此感到什么不安，更不会感到有压迫感。

②握手习惯方式成交法

这种推销法要求推销员充分理解顾客的意愿。对顾客所讲的话，进行仔细地研究，并加以判断。发掘他包含在他话中的购买意愿。当你初步了解了他的购买意图之后，你可以充满自信地对他们说："您是不是需要买一些试试看。"

与此同时，为了表示你对他能买这商品的感谢之意，你伸出手做出要和他握手的状态。而顾客一般地说不会去考虑握手有什么后果，对这种日常表示友好的方式会条件反射似的伸出手和你握手。这是人的一种本能，在一般无准备情况下机械地进行的。

握手就意味着默认购买商品。这是人们通常想法。顾客会对突然发生的事而惊慌，没有主见，只觉得受到了推销员的控制。在这种情况下，推销员根本不必说多余的话，只要拿出订购单就会成功。

（8）连环交易法

这种推销方式简单地说来，就是老顾客向公司介绍新顾客，而自己获得购买的优惠。

这种方式对于那些只付过头期款或期间款，或者是那些确实想买而苦于经济拮据的顾客，有实实在在的效果。

当推销员了解到你现在面对的是一个确实想买，只不过是没有足够的钱的顾客。那么，推销员应该这样对他们说：

"我们公司很早以前就实施了一种优惠方案，只要老顾客能将具有购买能力的顾客，带到我们公司来购买商品，我们公司都会付给一定的报酬。"

"如果每个月能带一位新顾客来购买我们商品，则可免除老顾客当月分期付款的利息，并对头期款也将会优待。"

"通过这种口口相传的方式，一方面可以使我们公司获得新顾客；另一方面，也解决了你们由于经济问题而带来的困惑，两全其美！"

一边说，一边拿出介绍单给顾客。接下来又追问他们：

"您觉得谁合适，有把握就写谁。"

如果顾客有表示写的意愿，则说明他同意用你推荐的方式购买商品；假如顾客仍不愿意，那你必须从另一方面来宣传你所推荐方式的优点。直到他们同意为止。

（9）为他着想成交法

推销员在刚开始进行推销时，就要事先准备一番。

当你在和他们洽谈之时，应尽量让他们知道你是诚心诚意为他们着想，而不是为自己能赚更多的钱。譬如，M想购置一套私人住宅，而你去向他推销，于是你对他说：

"我听说您打算购置一栋住宅，不知是真是假？"

"是有这个打算。现在住房太挤，住着一点也不舒服。因此，我想另找住处。"

"我们公司现在有几栋房子，正准备出售，不知您有没有兴趣？质量和样式准能使你称心如意！"

然后，你带M去一趟你所说的地方。你可边介绍边说，"这栋房子总价才20万元，这在市区内已经十分便宜了，你认为怎么样？"

"太贵了，太贵了！"

"您等一下，我和老板商量商量。"

隔一段时间，你又回来对M说：

"刚才，我和老板商量一下。老板说，我们在××地也有一处类似的房子，样式和这也差不多，周围环境也不差，而价格适合于你的要求，您觉得怎样？"

当M顾客和你签订了订购单之后，对他说：

"我们公司设计的房子，装饰上面用我们公司的产品，将会使您的新居更加豪华，怎么样，是否要购买我们的装饰材料？"

一般来说，顾客既然已经把房子都买下了，还怕些不值多少钱的装饰材料？

附带买上是他们一定会干的事。

（10）形式变化成交法

有一类顾客考虑问题太多，一直不能下定决心，总是以"还要多加考虑"为借口。如何使这一类顾客脱离他的思维圈子，而沿着你的思路走下去，这是本方法所要讲述的。就上一例买房子，当顾客举棋不定之时，你可以用一种令他们感兴趣的话题去刺激他们另外一根神经。

譬如，顾客说："我还是不能下决心。"

你可以接着说："是啊，这是人之常情，对于这么样一件大事，谁都要仔细考虑一番。谁也不愿意武断地下结断，买一处自己不喜欢的房子。不过，我们公司考虑到你们这一点，特别实行一项特殊方案，解除你们后顾之忧。"

"我们公司几个月前就做出一项决定：凡是顾客购买本公司的房地产，当交纳了头期款之后，可以试住一段时间，如果对所住的房子感到满意，分期付款就可以了，如果对房子不满意，公司将帮助你出售房子。"

"按照这种方案，您可以在很长一段时间作出自己的决定，您觉得这种方式怎么样？"

如果顾客仍是不能决定，你就再等一会，注意提醒他去想你们公司的特殊方案的好处，而不要让他再度回到自己的思维中。

（11）"对抗方式"成交法

世界之大，无奇不有，因而出现各种各样的人也就不足为怪。在商业买卖中也会有奇形怪状之士。有的顾客两句话不对头，就会对你大动肝火，好像你欠了他什么似的。对待这种顾客，要以强硬对强硬，不可手软。只有从气势上压住他，才能使他低头就范。

使用这种形式，只是在万不得已的情况之下运用。

举一例：假若你现在和李先生谈交易。没说多久，李先生就发火了，大声对你说：

"不买就不买，你说那么多废话有什么用？"

而你可用同样的语气对他说：

"你不买就不买，你对谁发那么大的脾气？我并不是缺少订购单，现在请您马上填好，你可以带回家给你家孩子玩，要么就藏起来，好好保留！"

"总会有那么一天，也许是您的某个孙子翻起您的材料，说不定会感激您给他们留下了一份宝贵的遗产呢！"

你要把他的思路向远处引导，让他们想一想将来。因为将来谁也无法预测，这样，成功的希望也很大。谁都希望有能力为后代造福，不愿自己的子孙整日为生活而奔波。

以上这些争取顾客的方法，每种方法都是针对不同类型的顾客。但千万不可死记、照搬，因为世界上没有同样的事情发生，也不会有像以上同一类型的顾客。因此，在推销过程中，不可一条一款地原装去应用，而应该把各种技巧综合起来，融汇在一起，灵活运用。这样才能收到事半功倍的效果。

（12）"假败方式"成交法

这是一种"败中求胜"的战术。

把自己当作一个失败者，从中掌握顾客不愿购买的原因，以及从他们口中套出怎样才能和他们成交。

人的本能就是这样。当你被别人斗败，你会感到十分恼怒。例如在一次辩论之中，你会使尽浑身解数去说服对方，让对方听从你的观点。如果说你被别人讲得无话可言，你会感到无比懊丧，强烈地感到不服气。但是，如果你获胜了，当看到别人悲伤之色，你定会走上前去表示安慰。同样如此，如果你在推销过程中与顾客交谈，装出一副没有理由说服顾客的悲伤之状，顾客往往会认为自己的道理是正确的，已经说服了你，因而内心喜气洋洋。

在他们没有防备的情况下，你可快速地向他们"请教"。一般来说，他们都会告诉你应该怎样怎样才行。譬如你可以这样问他们：

"那您认为怎样才能使顾客购买呢？"或"您能告诉我为什么顾客不愿意购买我推销的商品，说真的，如果你肯不惜赐教，我将诚恳地接受！"

你抬高他们，把他们捧为这方面的"老师"。这样他们获得了一种是重要人物的感觉，往往会改变自己原来的主意而购买你的商品。这些人，或许没有被他人引起注意，只不过默默无闻，总是希望别人能注意自己，而你在这方面却恰恰满足了他们的虚荣心。

不考虑市场的营销是瞎折腾

营销不是坐在办公室中想出来的，而是要你亲自到市场上去摸爬滚打，找到一条对路的促销方案。营销需要的是敏锐的眼光和多变的手段。如果在"变"字上下功夫，营销就能成功。

把市场当成战场

经营要诀：洞悉市场是衡量智商的标志之一。

洞悉市场的目的，在于使公司的营销活动与复杂多变的市场营销环境相适应，这是公司经营成败的关键。

所谓洞悉市场的过程，即是指公司识别、分析、选择和发掘市场营销机会（即商机），以实现公司任务和目标的过程。

首先要分析市场机会。所谓市场机会，就是市场上的未满足需要，哪里有未满足需要，哪里就有做生意赚钱的机会。市场机会又可分为"环境机会"和"公司机会"，市场上一切未满足的需要都是环境机会，但不是任何环境机会都能成为某一公司的营销机会。因为对某一公司来

129

说，不是任何环境机会都可利用，这还要看它是否符合公司的目标和资源条件。

因此，营销人员不但要善于发现市场机会，要善于分析、评估市场机会，看它是否对本公司适用，是否有利可图。公司的市场营销管理者必须充分重视市场营销调研，市场上需要些什么，需要多少，谁需要；预测需求的发展趋势；调查研究哪些因素影响市场需求和公司的营销活动，是有利影响还是不利影响等等。这就是说，不仅要发掘市场机会，还要注意环境威胁，即对公司营销不利因素的挑战。机会和挑战往往是并存的，如果不能及时发现，就会造成损失。可利用的机会没有及时利用，会造成"机会损失"；而市场上的种种挑战，如不及时发现并及时采取应变措施，就可能造成更大损失。因此，对可能的各种机会和风险要灵敏地作出反应。

为了更好地进行市场营销调研，有条件的公司应建立市场营销信息系统，即专门从事收集、整理、分析和评估有关营销信息的一些机构，以便及时掌握必要信息，使每项营销决策都有科学根据。

其次经过分析和评估，要选择目标市场，选定了符合公司目标和资源的营销机会以后，还要对这一产业的市场容量和市场结构做进一步的分析，以便缩小选择范围，选出本公司准备为之服务的目标市场。这包括四个步骤：测量和预测市场需求；进行市场细分；在市场细分的基础上选择目标市场；实行市场定位。

对所选定的市场机会，首先要仔细测量其现有的和未来的市场容量。如果对市场前景的预测还不错，就要决定如何进入这个市场。一个市场是由多种类型的顾客和需求构成的，这就需要进一步分析市场结构，了解构成这一市场的各个部分，并确定哪个部分可提供达到目标的最佳机会。

市场上的顾客需求是复杂多样的，可从许多不同角度加以划分，每个顾客群都是根据地理、人口、心理和行为等方面的不同需求特征形成的。按照不同的需求特征把顾客分成若干部分，即把市场分成若干部分，称为"市场细分化"，或称"市场区隔化"、"市场分割化"等。市场的每一个细分部分称细分市场、子市场，都是由那些对一定的营销刺激具有相似反应的顾客群构成，每个市场都可分为若干细分市场。一般说来，一个公司不可能为所有细分市场都提供最佳的服务，而应该根据自己的目标和资源，集中力量为一个或几个细分市场服务。

公司在对市场进行细分的基础上，选择一个或几个细分部分作为自己的服务对象，这些被选中的细分部分称为"目标市场"。公司根据自己的营销目标和资源条件选择一定的目标市场进行经营，这种经营方式称为"目标市场营销"。

公司选定了自己的目标市场后，还需要实行市场定位，采取适当的定位战略。

所谓市场定位，就是公司在目标顾客心目中为自己的产品确立一定位置，形成一定的特色，即在目标市场上树立一定的产品形象和公司形象，以区别于竞争者。为此，必须先分析竞争者的产品在市场上的地位和份额，充分了解目标市场上现有产品和品牌在质量、功能及广告形式、价格水平等方面有些什么特点，了解现有品牌之间的竞争关系，以及它们对顾客需要的满足程度等等，然后为自己选定一个适当的市场位置。一般地说，品牌之间的相似程度愈大，竞争愈激烈。

　　市场定位就意味着在目标市场上，在目标顾客心目中，为自己树立一个明确的、与众不同的和有吸引力的位置，竖起一定的"产品形象"或"公司形象"，如"物美价廉"、"经济实惠"、"优质优价"、"豪华高贵"、"技术先进"等等，都可作为定位观念。要掌握市场需求资讯只有充分地了解市场需求，努力地缩小供、需之间的差距，并以此为基础来促销，才有开拓市场的可能。虽然行业性经营有利于竞争，但是就某些行业，此种方法就无用武之地了。

　　比如副食品店，如果只单独经营一种商品，显然是没有什么前途的，因为市场需要它不仅能提供蔬菜、肉类等日常的生活用品，还要求它尽可能地提供多样化的食品。这类部门，在它增加商品品种后，其营业利润必定也会同时增长。因此可以说，在经营方面，所有策略都不是一成不变的，重在灵活运用，那么应当如何才能实现这种效果呢？

　　掌握有关顾客的资讯信息是非常重要的，在物质过剩时代，充分地掌握这方面的信息也同样重要。在物质过剩时代，如果产品不符合顾客的需求，利用广告来制造流行、开拓业务显然不会有多大效果。只有充分地了解市场需求，努力地缩小供、需之间的差距，并以此为基础来促销，才有开拓市场的可能。

　　有些人说，产品符不符合市场的需要应当属于厂方和批发商的责任，但是处于当前的市场条件下，厂方和批发商因为难于和顾客发生直接联系，因而对顾客需求的变化也无法做到全面的了解。由此看来，作为经营方面的经理，不但要了解顾客的资讯，同时还有必要为批发商和厂方提供信息，使其尽可能地生产出与市场相符的产品，可见，掌握顾客资讯信息意义重大。

　　目前的顾客的意识性都是相当强的，作为经理，当看到顾客不买或不喜欢某种商品时茫然无措，那是难于获得资讯信息的。因此遇到这种情况时，不妨问问顾客："您需要什么？""您对这件衣服在款式上有什么建议？"等等，也许能从部分顾客中了解些他们的需求情况。不过在现在，因为市场上物资充斥、商店林立，消费者往往会通过细致的选择之后才决定是否购买，对于所提的问题一般都不会做正面回答，他们或许会说："我只是来看看，随便买些食品。"或是"我需要时再来买吧！"等等，因此，身为经理就有责任想方设法让顾客道出他们真正的想法。

　　一般来说，只有找到了感兴趣的话题后，交谈才能顺利进行。现在许多关于衣、食、住、行、娱乐性的杂志书籍都是非常受欢迎的。这些杂志、书籍不仅是资讯的一个重要来源，同时也是与顾客交谈的有效话题。因此，在销售场所，不妨摆置、张贴一些有关这方面内容的杂志、书刊，这样，在推销产品时，就可以避免就事论事的说教，可将顾客的注意力引向这些书刊、杂志的内容，这样在交谈过程中也会自然得多，同时也容易使顾客道出他们真正的意图和所需要的商品。

　　在获取资讯时，经理应当注意，绝对不能照单全收，应当多了解，多累积，并进行及时的整理，以获得正确的市场需求信息。

　　在整体的需求方面，可以说顾客都会追求舒适，因此在资讯的收集过程中，着重点不只是方向问题，而是此范围内的多方面的细节。

一定要琢磨透用户

经营要诀：把消费者当成大师级的人物看待，这是大师们常做的事。

"满足顾客的需求"和"顾客最优先"等口号，是当今公司经常标榜的信条，但是，仔细观察现实情况不难发现，公司关心的顾客仅仅是自己直接接触的顾客和用户，很少注意到"顾客的顾客"，即最终顾客的要求与愿望。

出现这一问题的原因，在于对顾客概念的肤浅认识和忽视顾客效用连锁影响的存在，长期以来，公司总认为顾客就是为自己提供的商品和服务而支付货币的个人或组织。按照这种理解，当然只有直接顾客才是公司的顾客，但实际上不直接向自己支付货币而向自己的顾客支付货币的个人或组织也是公司的顾客，我们可以称之为间接顾客。这些间接顾客之所以是公司的顾客，是因为顾客之间存在一种效用连锁影响。不同层次用户之间的效用连锁影响，起源于需求的派生性和需求的同源性。任何需求都是由最终用户的需求派生出来的。从需求的派生性上看，每一个用户的采购行为都会受到其下层用户采购行为的影响。不同层次用户之间存在共效用与他们的需求同源性密不可分。在同一需求链上，市场利益是相对恒定的，对恒定利益的分配（交易活动）将不同层次用户连接在了一起。

很显然，重视最终用户是公司营销深化和提高营销效果的重要一环，是现代化营销管理的新视点。

（1）最终用户和效用连锁分析应关注三个问题

　　不同层次用户之间的效用连锁使之形成一种效用链，公司在这个效用链上处于一定的位置，加强最终用户的管理实际上就是合理地确定公司在效用链上的作用。从战略上讲，应当关注三个方面的问题。

　　①合理确定与最终用户的距离。公司是否重视最终用户及其需求，使现在与最终用户保持较小的距离。过分地远离最终用户会带来很多问题，远离最终用户，由于不能洞察需求变化而做不到适时处理，使公司丧失很多机会。另外，远离最终用户很容易被市场的表面假象所误导，不能正确地掌握市场的本质规律。例如，我们经常看到这样的形象，即市场已经饱和而有的公司仍错误地认为市场还在成长。这种失误的原因是被效用链上的某一方面的需要增长所误导，如果能接近最终用户，就不会出现此类错误。

　　②合理地判断效用链的收益性。很多公司往往从总体上或平均值上判断营销的收益性。例如，经常讲彩电的收益性，或彩电行业的平均收益性等。这种判断很容易产生误解。从效用链的角度上讲，各公司按产业分工的要求分布到效用链的不同位置，这种效用链就类似于"食物链"那样把有关公司联结在一起，处于该效用链的不同位置其收益性也就大不相同。有的是在效用链的上游有高收益，有的在中间或下游有高收益。在一个效用恒定的效用链上，自己的公司如果获得的收益多，则意味着下游的用户获得的收益少，长此以往可能会与用户发生摩擦。从保持和增进与其他公司和用户的关系上讲，取得"合理的份额"就是理想的。分析效用链收益的目的就是不要把用户培养成竞争对手。

　　③合理地判断效用链的主导权。按照上下用户关系组成的效用链存在一个主导权的问题。所谓主导权是指对效用链最强大的影响力，它可

能分布于效用链的不同位置。比如说，有的效用链受原材料供应公司影响最大，有的效用链受最接近最终用户的流通公司的支配等等。在钻石市场上，数十年来一直受矿山很大的影响，在石油行业其主导权被国际大型石油精炼公司所控制。主导权的变化与外部因素有关，例如有些国家对流通体制管理较严，流通公司就掌握了主导权。放松流通管制后，新的流通渠道大量涌现，流通公司的主导权就丧失了。分析效用链的主导权可以帮助公司认识关键用户。

（2）分析最终用户的主要内容

更有效地接近最终用户，关键是要充分地分析最终用户的情况。我们认为对最终用户的分析不能忽视以下内容。

①最终用户的财务状况。如上所述，效用链的不同环节的收益性有差异，因而不同用户层次的财务状况也就会有差异。很多公司比较重视直接顾客的财务分析，忽视"顾客的顾客"的财务分析，这样很容易陷入债务危机之中。

②对顾客而言的重要顾客。直接顾客自身也有很多顾客，其中必然存在主要的顾客和次要的顾客。对主要顾客的分析应关注：a.主要顾客的市场目标，即交易对手的多寡；b.主要顾客的地理广度，即顾客的地理集中程度；c.主要顾客的市场和行业变化。

③间接顾客的战略方向和优先顺序。主要是分析间接顾客的投资方向，是否利用了直接顾客的产品或服务？在间接顾客向新产品和新市场转换中，本公司的技术能起到什么作用等。

④间接顾客的市场地位和竞争力。要分析间接顾客是市场领袖还是时尚创造者？或者是追随其他公司？间接顾客在市场上执行什么样的

差别化策略？是技术革新还是积极开拓市场或者通过成本降低实施价格战略？

⑤间接顾客的采购、库存战略。间接顾客执行什么样的采购战略？是从一家公司采购还是从多家公司采购？他们选择采购对象的方法是什么？以什么为战略基准等。分析采购战略要注意顾客公司采购决策的权力机制，集权采购与分析采购对营销策略的制定有不同要求。最后要分析间接用户的战略，因为这与采购行为有直接关系。

（3）捕捉最终用户的方法和措施

对最终用户做如上分析，虽然能获得有用资料，但对于真正捕捉用户还是不够的。信息搜集后的工作是对最终用户加以适当的分类。

首先，要区分现实的最终用户。现实的最终用户是指以某种方式接受本公司产品或服务的用户。对现实最终用户的分析要集中在三个方面：①人口统计信息，如年龄、性别、学历、收入等；②地理上的信息，如城市、郊区、农村等；③经验，如经验不足，经验中等，熟练者等。以上三个方面的分析可以获得很重要的信息，拿人口统计信息来讲，女性用户的增加，老龄化和家庭变化等信息的获得，可以修正营销策略。再拿经验资料来看，如果在电脑、汽车、家电行业上经验不足的用户增加，意味着公司必须加强销售服务和技术资料工作。

其次，要区分潜在最终用户。潜在最终用户指尚未接受本公司产品或服务的用户。潜在用户的出现往往是由于只注意直接用户所导致的。再拿集成电路板生产公司来说，如果仅仅注意彩电装配商，那么潜在的最终用户就会大量发生，因为集成电路板不仅彩电装配商需要，生产通信产品的制造商也同样需要。因此，分析潜在最终用户可以帮助公司发现更多的市场机会。

在对现实的潜在用户正确把握之后，建议公司通过以下措施为最终用户的捕捉提供有效帮助。

（1）与顾客公司的老板定期召开战略研讨会。了解间接顾客的战略取向，必须经常与间接顾客的经营者发生联系，保持沟通。双方之间定期召开战略研讨会的目的不在于推销产品，或打打高尔夫球，重点是与间接顾客在认识上保持一致，查明顾客的财务、市场战略，确认问题所在，寻求解决问题的方法。

（2）学习有关最终用户的知识。很多公司之所以远离最终用户，是因为存在行业或技术差别，对最终用户的行业特点和技术要求缺乏了解，知识准备不足。因此要保持与间接顾客的长期交往，必须扩大业务视野，学习本行业之外的其他知识。

（3）获得客观的意见。从战略研讨会中获得的资料是一个侧面，事后应从其他渠道获得更多的资料。比如应当从直接顾客那里获得间接顾客的资料。为了保证资料的客观性，可以利用经营顾问、调研公司、策划机构，以及各类公司出版物、报告文件来获得资料。

（4）制定适当的营销宣传方案。很多公司的营销宣传只对准直接顾客，实际上对间接顾客开展宣传也是必要的。与"顾客的顾客"直接发生沟通会有助于向直接顾客进行推销，因为下游用户的态度比供应公司的态度更重要。美国英特尔公司的广告往往突出"某某计算机厂家使用了我们的芯片"，实际上这是对间接用户做宣传。如果最终用户接受了英特尔公司的芯片，会迫使计算机厂家更多地订购英特尔公司的芯片。

不能扭亏为盈的都不是真正的赢家

每个公司都有亏损的潜在危险，不做好这方面的心理准备，肯定会被突如其来的厄运打垮。如果没有扭亏为盈的胆量，劝你不要走上做生意这条路。

弃亏为盈也是一招

经营要诀：不要总是背包袱。

天有不测风云，现代商场上的竞争尤是如此。当局势恶化到逼迫决策人必须作出损失时，聪明的经营者应该牺牲局部，以保全全局或换取全局胜利。

桃树要受罪遭难了，由李树来代替，桃活李死，谓之"李代桃僵"，这是一个比喻，用来概括各种替代受过、受难的现象或做法。

在战场上较量时，兵家们往往牺牲局部保全整体，或牺牲小股兵力，保存实力，以获得最后的胜利，这是一种"李代桃僵"法。

在现代经商赚钱的经营活动中，经营者不要为小利所诱惑，也不要为小害所影响，而要从全局的优劣形势中分析对比，争取主要优势且不必要寸步不让，高明的经营者都会斗智斗勇，以达到自己赚钱的目的。

当然，面对局部利益与全局利益，长远利益与眼前利益的困扰，"李代桃僵"法并不容易理解和推行。经营者应着力培养自己高瞻远瞩的眼光和雄才大略的风格。

近年来，台湾的许多百货公司面临着竞争的压力。这是因为，日本的百货业凭借着其经营零售业的技术与实力，打入台湾内销市场，并纷纷与一些百货公司合作，这对相关的厂商来说，已构成相当大的冲击。

在这种情形之下，各百货公司不得不改变经营策略，以应付未来惨烈的争战。有的进一步投资扩充商场规模，有的增加连锁店抢据点扩大商圈，有的调整商品结构，有的重新改头换面。

其中作风观念最新，改变最大的是台湾连锁店最多的远东百货商店。该店除在内部重新装饰之外，最主要的突破就是舍弃百货公司不可或缺的女性及儿童服饰、用品，改以男装和超级市场为主要营业项目。

远东百货店情急之下，弃"多元化"，走"专业化"，这一招"李代桃僵"法，保住了它在日本百货业凌厉攻势下的生存和发展。

"李代桃僵"法在公司管理上的运用也有一个真实的例子：

1950年，美国密尔瓦基有一家史密斯公司，专门生产汽车工业所需要的客车底盘。该公司的年销售额约为美金两亿元，员工人数也高达两万人，所以就规模上来说，执该行业之牛耳是毫无疑义的了。

但是，该公司历年来的获利率却无法和它营业额的增长成正比。公司当局即针对这一问题加以讨论研究，并聘请专家诊断问题的症结。经过会诊，发现该公司只有单一的一项产品，只有一种技术，只有一个市场，也只有极少数的几家客户。

因此，若要确保利润，就应使管理阶层单纯化，组织结构精简化，除了职能方面的经理和专业技术人员外，高阶层管理也只需要极少数的人就能操纵。于是，一场"李代桃僵"的裁员行动从此展开了。

后来，该公司的高阶层管理甚至减少到只剩下一位负责人，从此营业额提高，利润反降的情形也就不再出现了。

所以，公司裁减人员或精简组织，实质上的目标或意义，就在于"李代桃僵"，舍弃部分人力，以换来整个公司从上至下经营的活力。李代桃僵，换来桃树枝叶繁茂，硕果累累。

作为一名经营者，应当认清大局，了解重点，将目光放得长远，该舍弃则舍弃，切忌优柔寡断。

"李代桃僵"法是防守性的战略。

在客观形势逼迫下，为了避免作无谓且重大的牺牲，若能"李代桃僵"，就要当机立断，不可瞻前顾后，犹豫不决。

多问一问失败的原因

经营要诀：失败就是有一颗不成熟的大脑。

根据对生意失败原因的分析，98%的失败是因为管理的失败。主要包括：不能正确评估自己的创业构想；实施注定失败的创业计划；缺乏基本的管理知识与经验；自己事业的专业知识不足；实施过程中的低能与无能，经常上当受骗；无法处理生意与家庭的关系。

生意失败的因素很多，但其主要原因有如下几点：

（1）用人不当

做生意，办公司，最忌用人不当。如果把工作交给不负责任的人去做，必然是成事不足，败事有余。如果把钱交给靠不住的人，更是有去无回。这两件都是致命的，做生意，办公司时千万要注意。诸如采购的，管账的，都要认真挑选，对于那些品行不好的人，即使其能力再大，也宁可不要。在实践中往往遇到这样的问题：靠得住的人没有能力，有能力的人靠不住。怎么办呢？要具体问题具体分析，需要靠得住的人去办的事，就选择靠得住的人去办；需要有能力的人去办的事，就选择有能力的人去办（另外想办法监督或约束他）。

（2）进货不慎

做买卖离不开货物，购进的货物质量如何，价格如何，是否畅销等等，都是成败的关键。如果购进的货物不对"样板"，那是要亏本的。或者是运输途中损坏变质，则得不偿失。如果对市场缺乏调查，盲目进货，成了滞销品，后果是不堪设想。有一家私营公司老板在10多年的经商生涯中，曾经有3次是进货不慎而导致血本无归：一是1984年，购进一批"进口服装"，购买前人家给他看的样板是很好的，他给了钱，进了货，后来打开包装一看，里面全是又破又脏的垃圾货，使得他血本无归。二是1988年，他从兰州购买两车皮的哈密瓜，在兰州上车时全是一极品，谁知运到广州后烂了一大半。三是1993年，购进钢材200吨，购买前的市场价是每吨3800元，买回来后的市场价却是2800元一吨，亏损20多万元。

造成进货不慎的原因有：

①盲目相信别人。对别人（特别是"熟人"）报来的信息不作调查分析，盲目听从，盲目相信。因为对"熟人"的介绍一般是不会起疑心的。当然，"熟人"的介绍，有时是真的，有时是假的，有些是无意骗你的，有些却是有意骗你的。所以，凡做生意要进货者，应是"认货不认人"，不论是谁介绍来的，一定要认真思考，调查分析，认真核对，鉴别真伪，防止上当受骗。

②贪小便宜。有些奸诈之徒，为了使你上钩，先是给你一点甜头，然后再向你下手。例如，未谈生意之前，先请你上酒楼，吃饱喝醉之后你还能不上钩？或者是晚上提着礼品到你家，拿了人家的你能不手软？或者是抓住你想办什么事，想要什么，他就"许下诺言"，拍胸口答应如何如何帮你办到，等你上钩后，他就把那些伪劣商品卖给你，或者是数量不够，或者是短斤缺两，等到你发现的时候，他已经把你的钱拿到手，你找他也难了。

③发财心切。有些刚学做生意的人，看见别人生意兴隆，财源滚滚，十分羡慕。他希望自己也能赚大钱，发大财，而且急得很，仿佛一个晚上就要成为大富翁。于是，不管这批货好不好卖，也不管人家有没有奸诈，盲目进货。结果是：资金拿出去了，货却卖不出去，甚至血本无归。所以说，心急喝不下热汤。想发财，这是人之常情，但千万不能盲目乱干。

④对市场行情不了解。有些人以为做生意很容易，出钱进货，买买卖卖就是了。其实，做生意是很有学问的。其中，怎样进货，什么时候进什么货，什么地区进什么货，尤为重要。这就要求深入做市场调查，

掌握市场行情。但是，凡生意失败者，大多数是因为事前没有作好市场调查，仅凭自己的心血来潮，或者是仅凭一些道听途说，就盲目进货，最后导致亏本。

（3）决策失误

俗话说："棋差一着，全盘皆输"，经营决策是否得当，关系到生意的成败。如果在投资、生产、进货等方面考虑不周，势必造成决策上的失误，因此，在决策前，要做好下面的几件准备工作：

①切忌人云亦云。投资前，对当时当地的社会状况，政府政策、对方的实际财力、人力、物力，当地的储运、原材料供应、能源、水电、销路……都要作好调查、掌握第一手的资料，切忌人云亦云，切忌"或者"、"可能"、"大概"等空洞无物的意见或答复。一就是一，二就是二，有多少就说多少，否则，为决策埋下隐患，害人不浅；

②留有余地。投资前，要有充分的思想准备和物质准备。开支要估计准一些，收入要估计少一些（对盈利方面不要过分乐观，往往有一些意想不到的事情会发生）。例如：开一间商店、办一家工厂，原来的预算是50万元的，你就不能躺在这个数目上睡大觉，要准备有透支可能，否则，到时真的超出预算而无法收尾时，你就束手无策了；

③随时检查修正。任何决策，开始时都不一定是尽善尽美的，多少会存在一些问题，这是不奇怪的。关键是要留意决策的实施，随时发现问题随时予以纠正，挽回败局，避免更大的损失。

（4）地点欠佳

如果经营的地点选择不好，生意也会失败的。这是因为，开商店离不开顾客，如果顾客寥寥无几，门可罗雀，那么，即使你的商店再大、再豪华，也是不中用的。商店要支付房租、税务、水电费、工资、上缴利润，而营业额却少得可怜，利润就无从说起。入不敷出，赤字上升，时间拖得越久，亏本就越大。

（5）管理不善

如果当经理的不会管理，即使有资本、有好的地方，也会失败的。例如，不善于对员工的使用和管理，赏罚不明，计划不周，职工素质差又不培训，职工对顾客的态度恶劣又不采取措施，财务混乱，等等，都会导致倒闭破产。

（6）缺乏修养

对于私营公司来说，经理的形象就是公司的形象。如果经理本身目中无人，盛气凌人，不可一世，常常训斥员工，对顾客也傲慢无礼，这样的公司是不可能兴旺的，如果经理常常以高压手段对付员工，或者常常苛刻地剥削员工的利益，势必使员工们反感，甚至众叛亲离。

（7）内部钩心斗角

凡是内部钩心斗角的公司，其结果都是很不妙的。诸如经理与经理之间的钩心斗角，经理与职工之间的钩心斗角，职工与职工之间的钩心斗角，董事与董事之间的钩心斗角，董事与经理之间的钩心斗角……，都会导致公司的失败。

不要头脑发热，盲目合伙经营

合作是现代公司求发展的通用方式，走强强联合之路，才能立于不败之地。但是在没有完全摸清底细的情况下，就与对方"牵手"，则是危险的，有可能会掉入陷阱。

合伙不是凑合

经营要诀：合伙是合力。

法律对投资者与其他人合伙建立公司的限制很少，合伙制可在不需法律条文的情况下成立，所要做的仅是两个或两个以上的人达成协议，共同投资于一个公司，共享利润。法律随后就会承认这种合伙公司的存在。

独立经营需要注意的一些问题也适用于合伙制。所有的合伙者都要对合伙公司的负债负责，即使这些负债是由于一个合伙人的经营不善或舞弊造成的，而其他合伙者对此一无所知。甚至死亡也不能免除一个合伙人的义务，某些情形下他的财产要偿还负债。除非你通过修改公司合同宣布离开合伙公司，否则都要负无限责任。所以在进入合伙公司之前，对你的合作伙伴有绝对把握并起草正式的合伙公司合同是非常重要的。

合同应包含以下几点：

（1）利润分配、义务和期限要说明如何分享利润和分担损失，谁承担哪项任务，还要对每个合伙人每月的开支予以限制，以及约定合伙公司维持多长时间。

（2）投票权和决策权除非另有规定、所有的合伙人有同等投票权。合同要规定什么是投票权或决策权，以及如何作出这些决策，你还要决定怎样排斥或接受一个新的合伙人。

（3）每个合伙者即使生病或休假也有权分享利润，合同要规定假期的长短以及间隔时间，以及某合伙人因别的原因长期缺席，其他人该怎么办。

（4）撤回资本合同要规定在合伙人离开或合伙公司解体时决定每个合伙人资本份额如何估价。

（5）你不必自己记账或让别人审计报表，但对会计准则达成协议以及让可靠的会计人员从事这一工作却是重要的事情。不参加实际业务的合伙人，一般都坚持这一点。

不参加实际业务的合伙者是指那些投入资本但不打算积极参与公司经营的合伙者。他可以通过把合伙公司注册为有限的合伙公司来回避风险。

优点

（1）创办容易

开办费用很低，根据有关法律要求，建立合伙制公司较之于建立公司要尽可能的简单、迅速。

（2）直接的回报

由于合伙人能直接分享利润，因而他们有更大的动力。

（3）有可能加快发展

合伙制公司在融资方面比独资公司通常要容易得多。

（4）灵活性

合伙制公司执行决策比公司制公司要容易，但比独资公司要困难。

缺点

（1）至少一个合伙人要承担无限连带责任，一个或者一个以上的合伙人必须承担公司风险并为保护公司而购买大额的保险。

（2）不稳定性

如果任何一个合伙人决定退出或者死亡，实际上就意味着合伙公司的解体。公司要继续经营下去就必须得到退出者的所有权并创立一个新的合伙制公司。

（3）获取大笔资金有困难

寻找到长期资本的支持是非常困难的，在有些情况下，以合伙资产作为附属担保品会比独资公司更易得到一些贷款。

（4）公司受到代理人的行为和判断的制约

所有合伙人要对合伙制公司的经营行为和任何其他合伙人的过失承担责任。

（5）死板的伙伴关系

除非在开始合伙之前达成协议，否则要购买某一合伙人的全部产权将是个困难的过程。

合伙公司与独资公司的区别有以下几点：

一是投资人数不同。独资公司的投资者只能是一个人；合伙公司必须在2人以上。

二是管理决策方式不同。独资公司由投资者本人决定公司的一切事宜；合伙公司的重大管理决策的得出，必须由全体合伙人共同商议而定。

三是承担利润和风险的方式不同。独资公司的投资者独自享受公司利润及公司积累，并承担公司风险；合伙公司的利润和积累归全体合伙人共享，共同承担公司风险。

四是对债务所负责任不同。独资公司的投资者对公司债务负无限责任；合伙公司的投资者对公司债务负连带无限责任。

如果确定了要进行合作的话，那么下一步至关重要的工作就是挑选你的合作人了。所谓合作人，就是既要能"合"，也要能"作"。也就是说，既要能与你精诚合作，不起异心，又要有实际的能力办成实事，而不是只说不"作"。这两点缺一不可。只是能"合"，显然事业的重担全压在你身上，合作的意义也就不大了；只是能"作"，那很容易搞分裂闹矛盾，还不如不合作的好。那么，具体地要选择怎样的合作人呢？要做就做得最好，要合作就要最好的合作。合作就像婚姻，它是你腾飞的起点，是你发达的基础，好的婚姻使人幸福有加，好的合作使人飞腾远大。有好的合作人是一生的幸运，不宜的合作人则使两败俱伤。

在现代市场经济条件下，信用、信誉是商人价值连城的无形资产。孔子曾说过："人而无信，不知其可以。"意思是说，一个人不守信，不讲信用，是根本不可以的。

在合作的事业中，"重承诺，守信用"这六字是对合作人的道德要求，也是基本要求。如果合作的事业中混入了连这个基本商业道德也不具备的人，事业的前途实际上已毁了一半了。

首先，合作人了解公司的内部情况，包括技术秘密、营销网络、人员档案，再加上他所处的合作人地位由此拥有的权力，一旦居心不良、另有所图或对外不守承诺时，合作的事业的危机也就近在眼前了。其次，解除合作带来的危机。在合作的过程中，"狐狸的尾巴总要露出来"，合作人的坏品质在经营管理中毕露无遗。那么你一定不会愿意继续合作下去，也只有通过劝其退伙或彼此散伙的方式想一劳永逸地解决问题。前者意味着资金、人员、关系的分离，后者直接代表着事业的瓦解，那么你起初合作时的理想或目标此时也只是海市蜃楼了。

合作人在一起合作最直接的认同就是志相同，志指的是目标和动机，从广义上讲包含了创业者建立公司的动机、目标，以及创业者确定的公司目标、规划等诸多复杂的内容，可以是赚钱、扬名、实现理想……其次的认同就是道相合。道就是实现志的方法、手段，即公司的经营思路和经营策略。著名老板艾科卡选人的首要标准就是志同道合，要求部下必须熟知他的老板作风，对他的管理办法能贯彻执行。

选择合作人时，志同道合很重要。不同的创业者建立公司的目标和动机可能不同，而不同的目标与动机会导致不同的经营战略和方法。办一个公司到底该怎么办，关键要明白你的目的，如果你的合作人只想尽快收回成本并得到最大利润回报，而你的目的却是要做成一个长久性的公司，做成百年老字号或金招牌。那么，各自的经营策略也会是有所不同的。

应该说，在公司的初创时期，目标还是一个暗藏的、朦胧的意识。

因为你相对实力不大，对瞬息万变的市场和公司没有把握，一切都是在日后的发展中逐步明朗的。但是，你应该有一个目标。在开头的时候，你们的目标一定要互相配合，纵使未来目标会逐渐改变，但起初的方向应一致。

巨人集团的初期发展值得大家学习。在初创的时候，是由史玉柱和几个朋友合作搞起来的。皇天不负有心人，经过艰苦的劳动，他们终于让自己的产品被消费者初步接受了。计算下来，公司有了大约20多万元的利润。当时几个合作的好朋友想一人分得几万元，好好享受一下，也算劳有所获。但史玉柱坚决反对，他说："既然大家选我当经理，那我就要对公司负责。我们公司现在刚起步，现在还不是享受的时候，要看长远发展。"经过史玉柱的耐心劝说，大家接受了他的建议，把这笔钱全投入了广告，结果他们获得了数以百万元的回报。

《山海经》里有一则故事说，长臂国的长臂人和长腿国的长腿人，各有自己的长处，同时也各有自己的短处。下海捉鱼，一个涉不深，另一个却够不着。可是当长臂人骑在长腿人的肩上时就既能涉得深又能够得着了。这就是相互补充组合的效果。同样，合作人有缺点，你也有缺点；合作人有优点，你也有优点，如果能进行互补的话，合作的整体力量必会得到极大的加强。

合作就像一部机器，机器需要不同的零部件的配合。一个优秀的合作结构，不仅能够为合作人的能力发挥创造良好的条件，还会产生彼此都不拥有的一种新的力量，使单个人的能力得到放大、强化和延伸。最成功的合作事业是由才能和背景不相同而能配合的人合作创造出来的。如果你来自乡村，而他来自城市，你受的是良好的教育，而他是靠刻苦自修，你的性格比较内向、谦和，他的性格比较外向、奔放，你们必能互相砥砺。

"中华饲料王"——新希望集团是由四个同胞兄弟合作建立的。在发展过程中有一个分工的问题，四兄弟各自审视了自己的长处和短处：老三刘永美毕业于四川农学院，对化肥农药颇有研究，于是他专研技术这一块；老大精于计算，负责事业的财会这一块，老二原在教育局供职，于是搞起了公司的管理和企划；老四善于交际，当起了法人代表，加强公司与外界的业务联系并打响知名度。通过这种取长补短的分工合作，新希望集团从"育新良种场"起家，从育雏鸡到养鹌，从搞养殖到开发饲料生产，一步步发展壮大，发展成了中国最大的私营公司之一。

古代的大军事家曹操曾说过这么一句颇有争议的话：唯才是举。意思就是说只要你有才能，不管你的道德品质如何，我都会重用你，提拔你。而"唯才是举"在现今的任何一个行业中恐怕都是不怎么推崇的。同时代的刘备在临终时说过这样一句话："勿以恶小而为之，勿以善小而不为，唯贤唯德，浦服于人。"这句话却只是强调了"德"，而没有强调"才"也是有问题的。

那德和才的内涵是什么呢？这是一个比较复杂的问题，很少有人能讲清楚。但有一点大家或许会同意：家庭主妇的才德和合作人的才德是不同的。合作人的才德要和合作的事业相联系。合作人的才包括有用的和相关的知识、技术和能力，能帮助公司获利。德则包括重信守约，不见利忘义，团结合作，互谦互让等与合作的事业发展、稳定相联系的内容。挑选合作人时要德才兼顾，全面衡量，切不可只顾其一不顾其二，正像人们所说：有德无才是庸人，有才无德是小人。重德轻才，往往导致与庸人合作，重才轻德，往往导致与小人合作。无论是庸人还是小人，与之合作注定是要失败。其中尤其要注意的是不可见才忘德。对方有一技之长而忽略他的品德是常困扰中国老板的一个问题。曾有一个科技公司的老板认识了一个技术人员，尽管他知道这个技术人员曾有过带着单位的技术恶意跳槽的经历，但由于他很欣赏这个技术人员的开发能力，还是与他进行合作，结果这个技术人员利用公司的资金设备开发出一种新技术。后来在另外一家公司的高薪诱惑下，带着整套技术图纸和方案不辞而别，投向了该公司，给原先耗费了巨大人力、资金、时间的公司带来了不可估量的损失。

总之，理想的合作人不仅是一个能为你提供资金、技术、管理经验或其他方面的人，而且更重要的是他应该是一个能让你信任、尊敬、同甘共苦的人，是一个与你具有共同的发展目标和价值观念的人，是一个能与你的才能、性格等方面形成互勉的人，这才是你想要的。

这里给你一个忠告：最好的合作人往往不是你最亲近的朋友或亲属。

合作经营时最容易出现的麻烦

经营要诀：误区都是人为制造的。

在确定合作时往往会有个确定合作人出资数额的问题。此时，合作人往往会陷入自动平分股权比例的误区，这样很容易埋下矛盾冲突的种子。

（1）平分利润

举个例子，如果有三个人合作时，把公司股权分为各得三分之一，而其中一个合作人在公司开张之前就已经为公司签订了一份合同或取得了一定数量的销售额，既为公司带来了利润，又创下了声誉；或者是从公司建立到发展壮大，只有一个人是全日制的，另外两个人有本职工作，只是兼职的，那么全日制工作的人付出的劳动是最多的。这两种情况下这个合作人就会嘀咕："我签订合同，收回销售额（或整天在公司干活）付出的劳动和承担的风险比其他人多多了，为什么要平分股权呢？"这种顾虑是正常的，也是合理的，不应强求他接受这一貌似公平的不公平。所以为避免矛盾，一定要避开平分合作股权这个误区。

（2）不沟通意见

很多人认为，大家既然一起合作了，感情自然不是泛泛之交，没必要再多交流、多沟通了。这往往又是一个很大的误区，过分强调过去的交情或友谊，不进行信息沟通，各自觉得"咱们十几年的交情了，这点事他不会在意的。"或"这件事他不谅解我的话，枉我们是多年的朋友了。"那么，以前信赖的基础就开始动摇了，对方不可能对此毫无想法，积累下来，这种基础反而会被全部摧毁，大家反目成仇。这就需要合作人之间多加沟通、交流信息，促进感情以更好地合作。信息沟通缺乏或不畅会使合作人之间对事业没有共同的理解，从而导致在态度、行为上出现不必要的偏离，彼此觉得很陌生、很矛盾，影响合作。

（3）随便与亲友合作

在我国，许多私有或私营公司在起步时经常是通过亲友的合作实现的，我们在看到有成功的例子的同时，更应看到那些失败的例子。

前不久还发生一起投资人起诉他几个兄弟姐妹的经济纠纷案，因为他在日本赚钱，所以他寄钱回来与亲友合作办度假村，手续又不全，结果问题出了不少，而且作为法人代表的亲友侵占他的投资，还不承认他的投资，搞得他十分被动。家族式合作很容易考虑到血缘关系而忽略现实的经济关系，这样使得大家本来动机歧异而硬凑在一块，志不同道不合，冲突必然会发生，而且把年序长幼带入职位划分，家庭事务与公司事务纠缠不清，不利于规范经营和发展壮大。这些失败的例子就是因为让亲友过多地参与，不必要地掺和，而且实行家庭式管理，造成公司先天不足，要么早早夭折，要么发展畸形。

（4）不定合作章程

中国现在的合作大多还是朋友或亲戚的合作，这是个特点。有些人觉得，大家是亲朋好友，感情自然不同于陌生的合作人，谁也不会骗谁，只要事先说好条件，这合作章程可有可无，订立反而怕让对方觉得自己信不过他，那又何必在一块做生意。

事先不定章程是合作大忌，其实感情归感情，生意归生意，亲兄弟要明算账，生意场上的事一定要弄得明明白白，不能什么都搅在里面。再好再亲的亲戚朋友合作做生意，都必须建立一套健全的规章制度，使得有规可循。因为未来不可预料，如果生意做大了，规模扩大了，问题也就复杂了，这时没有章程约束，没有大原则，就很容易大家闹矛盾；如果生意不尽如人意或彻底失败了，没有事先的章程的话，大家就会纠缠不清，为争个清清楚楚而损害彼此的亲情或友谊。所谓"不断则必乱"，合作经营千万不能陷入事先不定章程这个误区。

（5）角色不明确

因为大家是合作，所以都是老板，谁也管不了谁，这样合作时就容易造成角色分工不明确，合作人也觉得自己什么都该插手一下，以便了解公司运作，这样就陷入了误区。这种误区的危害性也已有阐述，这里不再多加赘述。

合作的误区还有很多，因为合作实际上既有复杂的经济关系，又有微妙的人际关系，很多情况及问题不是我们所能预料到的，但这几个提出来的误区还是很有典型性的，只要正确地认识到并避免走人这几个误区，其他的也相对简单容易多了。

太冒风险，等于自己砸自己的锅

有两种经营态度是：一不敢冒风险，二是太敢冒风险，这都是错误的。没有风险，就没有大利润；太冒风险就会毁掉已经到手的成果。先稳住自己，去适当冒险，这叫稳中求胜，险中求稳。

防止经营失误

经营要诀：每一次失误都是一次打击。

每一个公司都怕因失误带来的打击，这是正常的。

在实际经营中，有许多公司在市场中都只是很短暂地产生并且消亡，而又有许多公司则长盛不衰地矗立在市场经济大潮中，占尽风头。它们为什么成功或者失败，在对有关资料进入深入研究后，有人总结出下面避免失误的普遍性原则：

（1）不要试图独自解决一切问题。公司的创立人不能骄傲自满。对问题要谨慎，不要老认为自己是万事通。公司管理是一项非常费时费力的工作，不重视管理会大大影响公司的经济效益。

（2）不要拒绝必要的合作和规模化经营。单枪匹马的经营者要掌握好经营、管理技术和市场这三个决定成功的关键因素需要付出极大的努力。所以，如果你从事的领域需要比较强的实力，合作会给你更大的帮助。

（3）不要盲目打入陌生市场，要采用满意定价策略来定价。价格是产品销售的决定因素之一，它直接影响销售额。有些发明者由于不敢为其产品确定它应有的价格而损害了公司的利益，而另外一些人则因报价过高而失去了一些市场。

（4）不要忽视竞争。不要认为所有看起来对自己的产品感兴趣的人都是您的买主。在向市场推出新产品之前，您要把那些潜在客户拉拢过来，成为您的购买者，但在市场分析报告中您最好将客户的数量确定为潜在客户的1/2甚至1/3。

（5）在市场竞争中不要相信"酒香不怕巷子深"的神话。发明者的典型错误就是对其产品太过于自信，他把市场上的情况想得太美好。他总认为自己的产品上市后会抢购一空。实际上，这是一种十分幼稚的想法。在起草推销计划时胸中应该有两笔账，一是实事求是的商业预算，二是产品上市初期的惨淡经营。

（6）缺乏财务优势意识是失败的前奏曲。公司，尤其是那些刚刚兴起的公司，自己的各方面还不甚完美，它的财务状况常常被来自产品和原材料半成品的提供者双方的压力搞得异常紧张。如果在生意酝酿阶段没有充分地考虑来自这两个方面的压力，结果往往是难以料想的。

（7）别靠外援创业。与客户打交道要干脆利索，当机立断。避免与付款记录不佳的客户合作。

（8）不要将支出预算定得太少。大多数创业者总是急于求成，很快地将计划用于实践，所以他们往往忽视支出预算问题。投资与风险问题专家认为，按照各项技术指标计算出的支出预算总额和收入预算总额在实践中都要有 20 ~ 30% 的出入，无论何时都可能需要增加一些计划外的开支，而收入总是受种种因素的影响。

（9）尽量避免不切实际的夸张做法。在很多情况下，公司公布的交易和利润额与事实不符，那么公司就要查明其原因，做出比较可行的方案。

（10）千万别对银行期望过高。一般情况下，银行对年轻的公司都不太信任，如果公司在某些方面出现问题，银行没有信心支持它。

（11）避免在影响资金周转的项目上投资，减少不必要的支出。

（12）避免与合作伙伴发生误会。为了不把事情搞到这种地步，请您在合作之初就与合伙人一起把每人的职务权限和职责范围确定下来。

（13）避免在招兵买马时犯错误。您在录用新人的时候不能只看候选人的业务能力，同时还要考虑他对公司是不是有忠诚感，以及他的应变能力。

（14）惜时如金，不要浪费自己的时间和精力。您需要对工作日程做妥善的安排，所以，一位称职的秘书真的会帮你的大忙。

（15）不要同时经营好几个项目。

（16）不要在起草文件时留下后患。在起草文件时要求助于法律顾问，因为国家对每种形式的经济实体在法律和税收等方面都有一些特殊的规定，作为老板对这一点一定要明察秋毫。

把风险变成保险

经营要诀：不冒险是错的，总冒险也是不对的。

在市场经济的冲击下风险难以避免，不敢承担风险的公司难以发展壮大。在绩效与风险成正比的现在，要想获得大的成功，就必须冒更大的风险，这是事实。但趋利避害是人类的本能，主动拥抱风险的冒险者更应该有使自己"退一步海阔天空"的能力，对风险的敏锐感知和巧妙地处理将使他们如虎添翼，采取险中有稳的冒险方式，或者在行动前给自己留有退路，进可攻，退可守，是防止一败涂地、全军覆没和减少损失的必要途径。人完全有能力将风险减少到最小的程度或规避风险，这也是事实。当然，这种最低程度是限于风险本身因素制约的，不由得你想多小就多小。

（1）不把所有鸡蛋放在一个篮子里

这句话对于股民来说是最直接贴切的了，这也是分散风险的最基本的形式。如果孤注一掷，冒险成功当然能获得相应的大利，但一旦失败则是全军覆没。在进行股票投资时，尤其要注意进行必要的投资组合，选择若干风险、收益波动方向、力度不一的股票，以将风险降低到最低程度。

分散风险作为一个原则，应用很广泛。小到货物运输、仓储管理，大到经营策略、公司战略，都可以灵活应用。比如说对于贵重的货物运输，你不妨采用海、陆、空三面进军或分批分次运输将货物运抵目的地，这样一旦某方面出现问题也不至于影响全局。在仓储管理上，就有这么一个教训，前些年北京隆福商场大厦发生火灾，由于大厦在仓储管理上不科学合理，也没考虑风险问题，只想有效利用空间，减少成本，将货物都堆放在旧楼，其中包括占有资金额巨大的电器，结果一把大火烧个精光，商场损失严重。

作为经营手法，通过成立股份制公司，从广大的个人、团体和经济组织中筹资，用于扩大公司的规模，促进公司的发展，这种分散风险的方式在企业界应用比较多，它比贷款和借款融资安全得多。资金风险实际已分散到众多投资者的身上，这将使公司放开手脚，更大胆地参与竞争。风险投资者（包括银行）也是如此，他们不轻易把宝押在某个风险公司身上，一般通过两种方式来分散这种巨大的风险：他们或者寻找合伙人共同对一个公司投资来共担风险，更多的时候他们则是多管齐下，对多个风险公司进行投资，以求得在风险最低程度下的最大收益。

不把所有鸡蛋放在一个篮子里是一种常见的、有效的风险管理手段，在广阔的风险领域中发挥着重要作用，往往能使你有惊无险。但要注意不要太分散了，以至成本还要大于收益，那这种方式就不划算了。

（2）寻找"蚂蚱"共同承担风险

什么是"蚂蚱"呢？中国有句俗语：一条绳上的蚂蚱，谁也跑不掉。实际这就是减少风险的方式之一，巧妙地寻找盟友，把他拉入自己的经营里，使之成为风险面前的"一条绳上的蚂蚱"，共同承担风险。比如说数目众多的公司结合起来，成立大集团以承担风险，并尽量扩大自己的规模，不断吸收、合并子公司与小公司，不但能给大集团注入新的活力，也能使集团在某方面出现亏损时，可由其他公司的盈利来弥补。

80年代初，日本及东欧汽车开始大量涌入中国市场。国有汽车企业在这种冲击下陷入了四面楚歌的境地，经营愈加困难。四川的各个小型汽车厂更是在这个破碎的市场中苟延残喘。1988年2月，被危机感重重包围的东方红小汽车厂和成都小汽车厂自愿走到一起，成立四川成都轻型汽车总厂，共同对付强大的对手。他们进行优化组合，取长补短，共同开发的"野马"CQQ213型越野车，利润由以前的400万元达到近1300万元，优势日渐明显。1989年7月，"成轻汽"又与温江汽车大修厂联盟，使当年面临亏损的温江厂盈利50万元，第二年便盈利140万元……这种结合的壮大使他们对环境有极强的适应力，能从容面对风浪的冲击，在轻型汽车制造业中展现出明显优势。1990年9月，金顶客车厂又与"成轻汽"合并，将自己宽大的场地与"成轻汽"的技术结合起来以抗拒外来冲击。1990年10月在联合国教科文组织的轻型车竞标中，"成轻汽"战胜国内外众多老牌厂家一举中标；1991年3月被评为交通运输部优质产品的"野马车"出尽风头；1992年，"野马"一举获得了年一等品免检企业资格，并赢得许多荣誉称号。通过合并，"成轻汽"走出了低谷，迎来了辉煌的未来。

由此可见，在激烈的竞争中寻求合作者，不仅可以壮大彼此的力量，也可以取长补短，增强自己的风险防御力。这对于走出低谷、迎接挑战、战胜风险有着十分明显的作用。

（3）三十六计，走为上策

如果对自己的实力有清楚的了解，认识到前面的风险是自己无论如何不能承受的，那么及时清除这种危险可能出现的条件，或避开这条可能遭受损失的道路，另辟蹊径，这也未尝不是一种有效的变相的减少风险的方法。

李晓华当年下广东时参观了一个博览会，他发现了一种饮料机，很是新鲜，因为这种机器当时中国还不生产。于是他费尽口舌，倾其所有，花了3800元钱将这台本不供出售的样机带回了北京，他在夏季时把机器带到北戴河的海滩边，卖起了饮料。结果游客纷纷来买，再加上独此一家，在那年夏季，他就赚了十几万元。但是夏季一结束他就将机器卖给了别人，因为他认识到今年是由于他垄断了市场才会如此火爆，别人自然眼红，明年这里就会有大量类似的机器出现参与竞争，市场风险马上就会增大，收益也不划算。情况果然如他所料，第二年北戴河的海滩上到处都是这种机器，竞争十分激烈，大家只好降价销售，没有赔钱已算幸运。在这里，李晓华从领先一步的优势中赚得巨额利润后，便清醒预见到风险即将到来，于是急流勇退，顺便又把机器卖了个高价，在后来的激烈削价竞争中，他隔岸观火，丝毫不受影响，可谓是三十六计走为上策的经典运用之一了。

所以，清楚地认识到自己的处境，避开迎面而来的巨大风险，"退一步是为了进两步"，这将是商界人士的有智选择。如果逞强好胜，迎面而上，这种行动往往招致灭顶之灾。

（4）寻找"替罪羊"以转嫁风险

我们常听说某些国外政要为防不测，遭别人刺杀或暗算，往往会寻找与自己面貌酷似的人，在某些不必要的场合让他出场，这样一旦碰上风险自然也是由他来承担的。在这里，这个与真的军政要员举止都极相似的"假政客"就成了真政要的替罪羊，成为风险的转嫁品。

在商场上这种例子也不少，当然不是指大亨寻找替身。要将风险减少，完全可以寻找一个能转嫁风险的"替身"，如果冒险成功，利润当然是自己的；而万一失败，由此引发的一切责任与后果都将由这个替身来承担。

包玉刚在与英资怡和洋行争夺九龙仓控股权的决战前夕，将已买到手的九龙仓3000万股股票全部转卖给隆丰国际投资公司。这一举动令香港各界人士迷惑不解，并对隆丰买股一事纷纷猜测。其实隆丰是包氏财团控制下的一个上市公司，包玉刚这一招就是寻找"替罪羊"以转嫁风险。因为收购一旦失败，包氏财团就会有几十亿港元的损失，代价惨重，甚至有可能由此衰落，而将万一失败后的所有法律及经济责任推给自己手下能独立核算的隆丰，由它独当一面。这样公司的损失与成功后巨大收益的对比是很悬殊的，完全值得冒这样的险。包玉刚巧施丢车保帅计，解除了后顾之忧，运筹帷幄，终于成功地将九龙仓控股权控制在自己手中。这个例子有个特点，这个"替罪羊"实际上是自己的手下，可谓"羊毛出在羊身上"。

还有一种寻找"替罪羊"的方式就是打其他公司的主意。比如自己要进行某项风险比较大的投资或经营活动，完全可以把这个活动分成许多小的活动步骤，再将这些小活动中风险大的但别人能接受的部分推给其他公司去做，自己则是作壁上观，从中渔利。这对于那些急于达成交易的公司，则更可以轻易控制，使之不知不觉成为自己的"替罪羊"。

转嫁风险，可以免去一旦失败给自己带来的巨大损失，而且不存在后顾之忧，放手一搏，失败了就推给"替罪羊"，成功了就占尽利益，这就是你发财致富的一张王牌。

（5）花小钱买保险保太平

这一招可谓是老幼皆知，也是应用最广泛的了。通过保险公司保险实际上不会减小风险，但通过保险所给予的赔偿金能弥补一些损失甚至全部损失，实际上不就保证了自己的利益吗？

前面提到的北京隆福商业大厦失火虽然烧掉了许多贵重物品，损失惨重，但幸亏大厦事先曾买过保险，后来中国人民保险公司赶来进行了灾后清理。损失尚未确定，先拿出 1000 万元供隆福大厦恢复营业费用，这一雪中送炭正解决了隆福的燃眉之急。其实商场中买保险以减小损失的做法是很普遍的。但也有些人就不愿这么做。蔡民是个运输个体户，下海不久，为了买车使他伤透脑筋，倾其所有。不过生意还可以，一月下来能有五六千元进账。一直顺利的他开始嘀咕了：开了这么久一直平平安安，只要小心点就不会出事，干吗要交那几千元钱的保险费呢？于是他悄悄取消了保险，自个干了起来。谁知刚过一个星期，他运一车电器到市场里去，在经过一个大拐弯时由于心不在焉，再加上又下着雨，路比较滑，车子打滑来不及控制，直往旁边大河里冲去。幸亏他反应快，迅速跳车逃生，但整车的电器不仅毁了，车子也沉入深深的河底。由于他没有保险，自然什么补偿也得不到，而且还要赔偿货主的损失。蔡民对此后悔万分，可又有什么用呢？

所以保险对经常要冒风险的人很有用处，尤其是那些社会服务行业，如海运、石油产业及汽车运输与销售行业，发生风险的概率相对高，更要注意买保险。

当然，买保险也要付出代价，就是支付保险金。如果什么都买保险，花钱买百分之百的平安，就有可能超出公司成本的负担能力，影响公司资金周转与运作。所以，买保险的关键是选择值得投保的项目。

（6）最后的保护——破产保护

以上五个措施一旦实施并非一定能够使公司面对风险能顺利渡过，而它们又是一些保护措施，任何保护只是在一定程度上或范围内起作用的，并不是灵丹妙药。即使是"最后的保护"也只是一种万不得已而采取的措施，而且对陷入困境的公司也不一定有立竿见影的功效。这里的"最后保护"就是指破产保护。盛极一时的王安电脑公司就曾采用这一措施来使自己面对全面崩溃的危险，而后他们渡过了危险的处境，撤销了保护。

当公司的财务陷入困境，经过一系列的整顿之后仍不见起色、面临绝望的困境时，就应当考虑采取这种保护手段，这也是迫不得已的选择。尽管破产保护在国外屡见不鲜，但在我国仍并不多见。市场经济的发展，新的法律法规也必将出现，与国外接轨，那么实行破产保护也是近在眼前的事了。而且随着竞争的愈加激烈，我国公司的更新也更加迅速，风险也愈来愈大，那么在公司尚未走向全面崩溃之前，果断地寻求破产保护，给自己一个东山再起的机会，也是商界人士越加关注的问题。

不知底细，谈判时就无法搞定对手

不知对方底细的谈判，都是被动的。只有知己知彼，你才可以防止谈判中的任何风险、捕获任何微妙的信息，才可以保证赚钱，才可以反败为胜，这就是"摸底法"。

大打一场心理战

经营要诀：心理是最脆弱的防区。

我们按心理的不同把对手分为 14 种类型。在与这 14 种类型的对手进行谈判时，你必须清楚地了解他们的心理，根据不同的心理采取不同的对策。要极力避免触犯对手心灵中的禁忌，伤害他们的感情。

（1）倔强的对手

这种对手的心理表现为：无论如何也要固执到底、拘泥于形式、不想多听听别人的意见。

顽固的对手一旦那样说了，是无论如何也不想退后一步的。推销员面对这样的对手，虽然自认倒霉，但仍要苦口婆心地说服他。可是，你越想说服他，他却更加固执地抵抗，不但不能达成一个协议，反而会造成不愉快。

对于这种对手，你不要奢望说服他。最好先做一位忠实的听众。这样一来，对手就会以为你已经接受了自己的想法，下一次就会有"应该多听推销员说"的心理。再顽固的客人，在他心里也会有接受别人意见的愿望。所以，你必须耐心，等到对方听你的话为止。

同这类对手洽谈要禁忌：毫不顾忌地驳斥他的观点，企图压服他；缺乏耐心。

（2）自以为是的对手

这种对手的心理表现为：你的嗜好和我不一样、这种对手想获得优越感、不想暴露缺点。

这种心理，是"差别"的心理。也就是将对方和自己对照，借以使自己的存在达到优越化，并且寻求自我满足。这种心理的形成，大概和他的性格、经历有很大的关系。可是，这并不是说和对推销员的印象完全无关，如果他对你没有好感，就会强烈地产生出"差别"的感情。

对于有点装模作样的客人，你要把他当做很高贵的人对待，不要轻易深入他的内心世界，而应以巧妙地维护其自尊心的方式——越谈越亲热的形式，与他结交。

同这种对手洽谈要禁忌：不尊重他，伤害他的自尊心；轻易深入他的内心世界。

（3）犹豫不决的对手

这种对手的心理表现为：希望一切由自己做主决定、不让对方看透自己。

这类客人无论做什么事，都喜欢自己作主决定，不要借助他人（推销员）之力，他总是想一切根据自己的意志，凭自己的感觉来决定。他们头脑很好使，一旦对某事感兴趣，会考虑很多，其结果，也就是更加裹足不前。

对这种类型的对手，必须采取和蔼可亲的方法和他接触。绝不可以诉诸强迫。必须观察客人的反应（特别是非语言的），并掌握当时的气氛，与他保持一定的距离（心理上的，身体上的）。或者少说话，以行动来取胜。

同这种对手洽谈要禁忌：企图说服他，强迫他接受你的观点；在心理上和身体上过分地接近他。

（4）情绪不稳的对手

这种对手的心理表现为：原来情绪极佳、不想树敌、言行不一致。

这一类型的人很受推销员的欢迎。因为他们情绪好，很轻易地能使买卖成功。而且更由于他们脾气好，即使不买也不会对推销员拒绝。所以，推销员一开始就可以和他们摆龙门阵，很殷切的介绍自己的产品。

对于过分热心的对手，应该尽早看穿他们，掌握他们对自己热心的真正目的，然后再采取相应的办法。并且，要事先设防为妙。

同这类对手洽谈要禁忌：轻易相信他们的热心；过分谨慎而缺乏热情。

（5）风云突变的对手

这类对手的心理表现为：任性。

一个人的任性，和这个人天生的个性和成长过程有极密切的关系。也就是说，这个问题的根源在于他幼年发育期环境不得当。幼年期接受的教育所留下的后遗症，将导致他不能成长得像个大人，而时常表现出幼稚的行为来。事实上，这对于他本人来说，也是相当痛苦的事。

对于这种对手，首先要了解他的"生活步调"。然后，应洞察此人今天是"高气压"呢？还是"低气压"？知道他心情舒畅时，便采取步步紧逼的方式谈生意。若是心情烦闷时，你最好"敬鬼神而远之"，尽量避免和他做正面的接触，而伺机以待，当他是"低气压"心理时，不管你费多少口舌，花多少工夫，结果都可能一事无成。

同这类对手洽谈要禁忌：对他的生活规律缺乏了解；不善察言观色，抓不住机会。

（6）不愿会面的对手

这种对手的心理表现为：不想和推销员有任何瓜葛、很讨厌和推销员说话，因为不买，所以没有见面的必要。

他潜在意识里认为，推销员凭着三寸不烂之舌和自己讲话，如果应付不了，就会不知不觉地将东西买下来。因而这种不安或类似被害者的感觉。特别在过去的交易关系中，若有本来一点也不想要的东西被强迫地买下来，他更会产生无论如何也不和推销员来往的心理，对推销员敬而远之。

这种很不想见面的对手，以为一旦和推销员见了面，就会被强迫买下东西。这是不安感和不信任感根深蒂固的缘故。所以，推销时应避免煽动对手这种非常敏感的感觉。有的给人良好印象的推销员，会采取令对手感觉比较温和的推销方式，特别是凭借服务等获得对手的信赖，取得重大战绩。

同这种对手洽谈禁忌：态度过分生硬或者过分热情；缺乏耐心。

（7）感情脆弱的对手

这类对手的心理表现为：自尊心强、对一切确信不移、认为凡事都是自己不好。

自尊心愈强的人，愈是要拼命地为维护其自尊心而努力。一旦自尊心受到伤害，他就会非常不满，表现出不愉快。特别是敏感的人，往往为了一些微不足道的小事，耿耿于怀，认为伤害了他的自尊心。

对于感情脆弱而容易受到伤害的对手，必须注意聆听他所说的话，避免使用"这个好"，"那个不好"等容易让他误会的语言。最重要的是，不要让客人产生有被忽视的感觉。

同这类对手洽谈要禁忌：不注意维护其自尊心；不愿倾听他的谈话；使用一些容易引起误会的词语；谈话扯得太远；忽视他的主人地位。

（8）乱侃闲扯的对手

这类客人的心理表现为：不喋喋不休就无法心安理得，以把对方驳倒而感到愉快。

喜欢说话的人，大多数是自我显示欲极强的人。其内容大都是"我如何如何"。而且，说到最后也说不出个所以然。更糟的就是边嚷边离开现场。其实，这种有强烈自我意识的人，内心都有不堪一击之处。于是，他就拼命地想用说话来弥补这个弱点。这种心理，会煽动起他们说个没完没了的冲动。

这种对手，没有多少心机。他只要把自己想说的话全部吐出来，心情就会开朗。所以，绝对不可因为对方口啰唆个没完，就胆怯起来。索性让他吐出心中的不满，然后，你再顺着他的话题，慢慢地引导他进入你预定的阵地。这样，就会顺利地实现推销。

　　同这类对手洽谈要禁忌：对对手的啰唆表现出不耐烦，甚至厌恶，胆怯，畏缩，赶紧开溜。

　　（9）寻根问底的对手

　　这种对手的心理表现为：我什么都想知道、打破砂锅问到底、不把对方驳倒心里就不安。

　　虽然不晓得自己是否真的什么都知道，而他却要装出一副无所不知的样子。这类客人认为：承认"不知道"就会被推销员看出弱点，有可能上当受骗。在其内心里，他存有"我才不那么轻易地被骗"的意识，或"我是什么都知道"的自信，以及"我比你能干"的优越感。

　　对于这种对手，绝对不要拿道理和他辩论。即使你在嘴巴上胜过他，但在买卖上却无法胜过他。最好闭嘴听他的道理，让他尽量地说，尽情地发泄，这样他就会感到满足。说不定你们将愈来愈投机。总之，最重要的是，你要切实采用接受性的对话随声附和方式，对于他的质问，只是简明地给予答复。

　　同这类对手洽谈要禁忌：有问必答；拿道理和他辩论，一较高低。

　　（10）沉默寡言的对手

　　这类对手的心理表现为："不好应付"的意识很强、想用态度来表示想法。

　　任何人都有不擅长于某一事物的缺陷。不善于说话的人，对于说话感到很棘手。人类本来是很喜欢说话的，因此不善于说话的人，常常闷闷不乐。他拙于言辞，生怕被误解或被小看。这种想法形成了他的支配观念，增加了他对谈话所产生的不安和恐惧感。尤其是无法说出内心想的事所产生的焦急愤怒，使得他拙于言辞的意识更加增加。

对于这种类型的对手，很难从他所说的话中探知他的欲望。你不仅不可忽视他的任何一个小动作，而且还要弄明白在他的动作后面究竟隐藏着什么要求。

同这类对手洽谈要禁忌：不善察言观色，以寡言对沉默。

（11）初来乍到的对手

这种对手的心理表现为：没有自信、急于想逃避、希望好好地给予照顾。

怕生的对手当中，有许多是因为没有自信，而逃避会晤。其中有不少人是由于内心深处有类似于自卑感的心理作祟，其实，自卑感本来是引导人们奋发向上的原动力，但是，完全被自卑感控制的人，会丧失自信心，毫无魄力，变得畏惧、矜持而远离与自身有关的事物。

如果推销员特别和对手不投机，则另当别论。但对于在潜意识里，已经抱有要为人好好地做些事的客人，则不管其态度是多么地傲慢，也不要有所畏惧，而要试着以真诚的态度来沟通，并且连续不断。结果，你会发现他是一个很热心的人，他会给你照顾的。

同这类对手洽谈要禁忌：强行与之接触；因对手的态度冷漠而感到畏惧。

（12）似懂非懂的对手

这种对手的心理表现为：讨厌麻烦的事情、自信自满、不愿有所拘泥。

对于任何事情，他总是会感情用事地说："唉，真是麻烦！"他完全凭感觉来处理事物，一接触事物就马上下判断，甚至付诸行动。这种人或许一时会博得对方的好感。但是，他对于事情的反面考虑欠周全，其轻率的行动会留下许多后遗症。

这时候，对凡与对手有关的各项注意事项，也就是说，这笔买卖的任何细节，推销员都要尽量利用资料卡或书面记录来明确地加以说明，让对手充分理解。

同这类对手洽谈要禁忌：对产品的情况不加详细解说；急于达成交易。

（13）容易冲动的对手

这种对手的心理表现为：好奇心强而又容易激动、热得快冷得快、希望自己是独一无二的。

他们爱买新产品，不论是什么，也不管是啥东西，只要是新奇的，就想抢购。特别是当你推销的是最新产品时，由于是第一次见到，也是第一次摸到，他们想拥有新产品的欲望更是被刺激到最高点。

对付这种心态不稳定的对手，你首先要紧抓住他的心，了解他对什么最感兴趣，对什么事最热心。例如，他们对推销员的"诚实"有兴趣的话，那么你就要积极地在诚实这方面表现吸引力，在心理上征服这些客人。这种战略有利于招揽未来的生意。

同这类对手洽谈要禁忌：抓不住他的兴趣所在；打持久战，丧失成交的机会。

（14）乱编谎言的对手

这种对手的心理表现为：不希望被识破本意、非保护自己不可、过于将柔弱挂在心上。

无论任何人，对第三者总是不想把心中的真意吐露出来。因为如果吐露心事，就会被对方看穿。如果对方有受骗的感觉和念头，他本人也会感到不安。

具有这种个性的对手，大多数都感情丰富。所以你要多注意，不能胡乱地刺激其心灵，不要去扰乱他心理上的平衡。要多尊重对方的立场，以冷静的方式和对方接洽，这是最重要的。

同这种对手洽谈要禁忌：胡乱刺激其心灵，打破他内心的平衡；不尊重对手的立场，甚至谴责他。

在规则范围内游戏

经营要诀：要在关键时刻击垮对方。

（1）只有在非谈不可时才谈判

商业上有一个原则，无论你是买主或卖主都应记住：如果你是卖主，当对方迫切需要时，再与他讨价还价，尽量让自己摆出一种不会讨论价钱的绅士态度；对于买主，你却应让对方知道，目前唯一重要的问题莫过于价钱最低廉。尽可能地保持这样一种态度是重要的，它是讨价还价的第一步。

努力使自己处于一种没有必要进行讨价还价的地位。如果你能不进行讨价还价而得到你所想得到的一切，而且你也确信那就是你所能得到的一切，那么你就把所要求的条款说出来并坚持不让步。决不要因你想做买卖的一时冲动而背离这一立场。即使你想做买卖，也得让他们感觉到只能在枝节问题上交涉，核心问题是不可谈判的。

当然，这一点在实际中要真正做到却不容易，我们并不能完全讨价还价就达到目的，事实是我们要常常经历讨价还价的各个历程，但是牢记它的重要性是必要的。连修理水管的工人都知道，商议价钱最适当的时刻便是地下室正在大闹水灾的时候。总之，不到迫不得已的情况下，尽量不要与你的对手讨价还价。

（2）除非已有充分准备，否则不要和对方讨论任何问题

通常，谈判双方各就各位后，最初的一刻钟内便可以架构出谈判的总体框架。但谈判不可能在最初一刻钟内结束。后面的谈判将一轮接着一轮，花在辩论和争执上的时间很长。因此，这就要求谈判者必须事先有所准备。

那些进行了详尽的调查研究并做了充分准备的谈判人员，他们的亮相将分外有力。因为他们了解自己要达到的目标，也能确立对方的期望。如果对方不懂得这种博弈，或不知道当他还处在中间位置上时已被卷入谈判之中，那么他们的地位将是极其脆弱的。

总之，如果你没有准备好，就不要进入谈判。要抗拒"尝试"的诱惑，因为，实际上没有未卜先知的聪明人。尽一切可能了解对方，他的境况如何，问题在哪里，谁是做决定的人。和有决定权的人谈判，不要和其他低级人员讨价还价。总之，在谈判之前，应做完你的调查、准备工作。

（3）谈判成功的基本条件是互利互惠，故在提出高要求时也应有退让

很难想象，一项交易只有某一方获利，而另一方亏损，或双方都亏损，而交易却能成功。即使某一方在经济上赔钱，那么，他肯定在另一方面有所企图，这种"另有所求"也是一种利益。不会有人在商场上是

不求利的。永远不要忘记，对方坐在会谈桌边与你商谈的原因是他相信可从谈判中获得利益。因此，互利互惠是商业谈判中必须遵循的原则。

在实际谈判中，有时提出一些高要求并坚持不松口的确是值得的。但有时你却必须退让，因为你必须意识到，获利是你谈判的目的。你的要求必须是有限的，它存在一个极限值。如果仅仅考虑自己一方，获利越多越好，而把要求定得过高，则可能使谈判陷入僵局，对方会撤退，把你的要求扫到一边去，因为他从你这里毫无利益可言，或获利极少。如果讨价还价带有冲突性，即在这种讨价还价中一方的赢利意味着另一方损失，那么，由这种讨价还价引起的僵局可能会导致一系列严重的后果。

可以提出高的要求，但必须让对方的希望挨得上边，也就是说，要让对方还有利可图。但是，你的要求和对方的要求之间差距越大，你必须发出的信号也就越多。你必须做更多的事使他们靠近你，直到彼此均在对方的期望范围之内为止。只有在这样做了以后，你才可以把自己的要求公之于众，并获得成功。否则，你肯定达不到你的要求。

（4）保守自己的秘密，不要太早泄露全部实力

相信所有的讨价还价者都明白这个道理：知己知彼，百战不殆。实际上，可以说所有的谈判者都是尽力这样做的。商业谈判中，要求我们在谈判前有所准备，要清楚地了解自己和对手的各方面情况，才可能常胜不败。但是，我们也要认识到，我们的对手也在做着同样的工作。常识告诉我们：对方对我们知道得愈少，情势对我们就愈有利。因此，在了解对手的同时，我们还有一件很重要的工作要做，那就是保守自己的某些秘密，不要让它泄露或过早地泄露，以至让对方知道自己的全部

实力。

充满竞争的现实，教我们不能将自己的某些真正秘密轻易透露。慢慢地展现自己的力量，比马上暴露出全部力量更有效。慢慢展现会加强对方对我们的了解，使对方有相当的时间来适应和接受我们的观念。

以现在的情形看来，我们正处于比商业历史上任何一个时期都要危险的境况中，我们到处都被商业间谍所包围。在谈判中使用商业间谍是极富诱惑性的，没有任何收益会比这个快。譬如说，如果买主知道卖主愿意接受的最低价格，有时就值几百万美元，而得到这项消息的费用，可能只不过几十块钱而已。商业手法已经被大量运用于商战中，并且非常有效。

下面的措施可帮助减少商业秘密泄露的危险，不过危险并不会完全消失。

①选择守口如瓶、稳重的人参加商谈。

②强调沉默的重要。

③不要让太多的人参与，而且只让他们知道必要的部分就可以了。

④不需要知道的人，尽量不要让他知道。

⑤提供给对方的资料应尽量减少，除非为了策略上的运用，否则减至最低程度。

⑥要将资料妥善保管，锁起来并派人看管。

⑦有时取得资料最简便的方法，是通过安全人员或其他雇员获得，所以，要防备这种方式的渗透。

⑧最后的底价只能让某几个人知道。

（5）不可强求和恋战

讨价还价过程中不可急躁，要表现得从容不迫，很有耐心。但对于谈判者，无论是买方或是卖方，在谈判过程中，也不应过于拖延，表现出"恋战"的状态，同时也不要表现出"特别热心"和"强求"。

谈判者对于对方的提案，不要表现得很热心，只要让对方感到你对此有兴趣即可，这会增加你的谈判力量。因为，你的目的是让对方自然而然地迎你而来。但是，如果你的立场软弱，应先缓和一下两者之间的冷漠感，直接与对方见面，并且掌握住双方之间亲切的人际关系。

对于自己喜欢而无法获得的东西，总会产生强烈的获取的意念，这是一般人本来就有的一种倾向。但对于谈判者而言，虽然对某件事或某个物品有强烈的获取欲望，也不应表露得过于明显，更不可强求。否则，你的谈判力量将大大削弱，并为此付出代价。

（6）向对方施加压力要有分寸

为了扭转谈判中的不利局面，促使对方降低原先的要求，或使对方对于所讨论的问题产生足够的关心，我们往往需要施加适当的压力。在向对方施加压力时，一定要注意一点，那就是，你向对方施加的压力越大，对方所反击过来的抵抗力也越大。对方的抵抗力如果一再积累，一旦超过了限度，就会产生感情上的冲击反应，这其中即使只有微弱的动机也会导致谈判破裂。所以，在施加压力时，掌握分寸是十分重要的。

一般来说，向对方施加压力有三个重要的原则：

第一是交易时必须不断地保持竞争的势头，到某一阶段，代替方案越多越好。

第二是经常在不使对方产生敌意的情况下，有人情味地、温和地施加压力，使对方慢慢降低他的优势地位。

第三是削弱对方的地位。为达到这个目的，你必须努力操纵对方。最直接的方法就是不断地告诉对方：如果拒绝按你的条件交易的话，问题将会十分严重。

（7）"以战取胜"的谈判策略只在特定条件下使用

"以战取胜"的谈判，是一方牺牲另一方的利益来取得自己一方的胜利，其目的在于打败对方。

采取这种方法的危害性在于：

①失去了对方的友谊；

②失去了将来与对方开展更大业务性的机会；

③遭到对方的反击，甚至首先发起进攻的一方会被打败；

④由于对方被迫屈从，所以不大可能积极履行协议。

以战取胜的危害是如此严重，因而谈判高手极少使用。但也不尽然。在以下两种情况下，争斗不会造成太大的损失。

①一次性谈判。以后双方不会再遭遇，因而也就没有必要担心长远的买卖关系问题。

②买卖一方比另一方实力强大得多。比如，一个实力雄厚的垄断者，他可从彼此相互竞争的任何一家供应者中买进某种商品；或是政府权力机构与私人公司之间的交易。

（8）要打破僵局，可变换交易形式

谈判遇到僵局，不能正常进行下去，如何打破僵局也就提上了你的日程。形成僵局有很多原因，价格上不能协调就是主要原因。其他还可能涉及双方尊严、个人权限等方面。抓住问题的症结后，可采取一些方法对症下药，或采用一些起辅助催化作用的措施。然而，打破僵局的人最好不是你，因为此时伴随的可能就是一些损失。

如果只能由你来解决问题时，你不妨试试以下几种方法：

①找一个调解人。有些不适合你说的话，你不能打通的环节，这个中间人往往能凭借他的特殊身份轻易说到、做到。

②改变交易形式，把竞争的形式改为协作的形式。扩大范围，把双方的老板、工程技术人员和管理人员吸收进来，共同想办法解决问题。这样，可能会使双方原定的计划遭到很大的破坏，但往往可以取得好成绩。

③更换商谈人员。这个新人员可能会抹杀以前所得到的让步等，但有利的一点在于，新人员提出新的建议或让步，也许会是一个扭转僵局的好开端。

④改期再谈。这是一种"回避策略"的运用，暂时绕过僵局，待双方都收集到更多的资料或有了更合适的方案、安排等，再重新回到商谈中来。

⑤使谈判升级。安排高一级的会议或热线电话交谈。这种时候，高级人员的参与，一般情况下会给谈判加温，老板效应在关键时刻总是很起作用的。

⑥做一些微小的修改。比如，改变合同的形式、措辞和写法、改变计算方法，对购销商品的一些规格、条件做适当的修改。这些不会造成多大损失的修改，但表明你已经积极行动以挽救这笔生意了，下面就要看对方的了。

⑦给对方一些选择的余地，多为他提供几个方案。一个新的方案便很可能成为一轮谈判的新的开始。僵局便成为过去了。

（9）确立谈判截止时间，有利于集中精力完成任务

每次或每轮谈判结束的时间必须加以确定。在这个问题上，对方的

反应取决于我方提出问题的方式。如果采取以下的对话方式——"我已经订了 11 点 30 分的飞机票，如果在 5 月 4 日号以前，我们还不能达成协议，那么，我们将要与其他人合作"，这样单方面宣布，常常被看作一种威胁，从而引起对方的不满和反驳。但它常常是希望"以战取胜"的谈判人员的一个有效武器。

如果截止时间由双方共同商定，则谈判气氛会由此变得更加和谐。

有一个确切的洽谈截止时间，是有积极作用的。因为，人们不可能长久保持旺盛的精力。随着谈判时间的延续，精力会不断下降，而在谈判即将结束之际，又会出现一次高涨。截止时间一经确定，谈判人员就会振作精神，提出建设性的解决办法并作出积极的让步。如果没有一个明确的截止时间，双方就会无休止地拖延下去，最后任何一方也不会达到预期的目标。

如果其中一方认为，确定谈判截止时间还为时太早，会对谈判产生消极的影响，此时，只要说一声"现在还不是时候"就可以了。

（10）不与做不了主的对手多作纠缠

当你在商业谈判上费了九牛二虎之力，最后亮出底牌以为大功告成时，却发现对手空有头衔，并无实权作决定。这种头衔的游戏真的会使人火冒三丈，其实这和"我不能做主，先得和经理谈谈"的说法一样，称得上是历史悠久的商战老把戏。这是为了消耗你的精神，降低你的敏感和分析能力，并摸清你的底牌而采取的策略。

切记！谈判前，先别盲目相信对方堂皇的头衔，重要的是弄清楚此人是否有权拍板、签订合约。如果对方没有实权，先按兵不动，等到当家人现身，再谈生意也不迟。